katakrak
liburuak

EL GENOCIDIO EN GAZA Y LOS FANTASMAS DE SPOTIFY

Dave Randall

EL GENOCIDIO EN GAZA Y LOS FANTASMAS DE SPOTIFY

Dave Randall

Traducción: Luis Soldevila Mataix, Aitziber Jiménez de Aberasturi Martínez de Luna

katakrak
liburuak

Título original: *My Turn, Music of the Arabs Revolutions, Spotify Spooks and Artificial Intelligence*
Autoría: Dave Randall
Traducción: Luis Soldevila Mataix, Aitziber Jiménez de Aberasturi Martínez de Luna
Primera edición: septiembre de 2025
Diseño de portada: Koldo Atxaga Arnedo
Edición y maquetación: Katakrak Liburuak
       Calle Mayor 54-56
       31001 Iruñea-Pamplona
       editorial@katakrak.net
       www.katakrak.net
       @katakrak54

ISBN: 978-84-10316-15-7
Depósito legal: NA 1608-2025
Impresión: Gráficas Alzate

Nota previa de la editorial

El libro que tienes en tus manos es la actualización que Dave Randall realiza en 2025 de su obra *Sound System. El poder político de la música*, publicado por Katakrak en 2018. La gravedad de los hechos acaecidos en el genocidio de Gaza nos ha animado a publicar esta separata con partes de esa edición actualizada, incorporando también otro capítulo inédito relacionado con la inteligencia artificial.

ÍNDICE

1. Me toca[1]

Un mayor conocimiento de lo que está pasando implica la responsabilidad de pasar a la acción. En mi caso, estaba en una banda de éxito con una presencia mediática en aumento: eso me puso en una palestra, en una posición de cierta influencia. Me pareció que merecía la pena utilizar aquello para difundir ideas progresistas y provocar debates. Mis tentativas empezaron modestamente. La primera vez que salí en el programa musical *Later With Jools Holland* me puse una camiseta que mostraba mi solidaridad con los estibadores de Liverpool, que estaban en huelga por aquel entonces. Conseguí que se pro-

---

1 La presente edición tiene una numeración *ad hoc*. Sin embargo, este capítulo correspondería con el nº 9 del libro *Sound System*. El resto, mantendrían la numeración correlativamente.

yectaran logos de «Love Music Hate Racism» [Ama la música, odia el racismo] en las pantallas gigantes durante toda una gira de Faithless por grandes estadios de Gran Bretaña, que coincidió con una campaña electoral en la que se presentaba el partido racista British National Party. Entre gira y gira, hacía música explícitamente política con mi propia banda, Slovo, y convencí a Maxi Jazz, de Faithless, para que viniera conmigo a tocar en un concierto en Trafalgar Square para la plataforma Stop The War. También escribía artículos de opinión, concedía entrevistas y, en general, me mantenía activo en los movimientos contra la guerra y en la izquierda radical. Durante un tiempo, fui miembro del Socialist Workers Party. La primera vez que me pidieron que me afiliara, les dije que los artistas debían ser políticamente independientes. No les costó mucho convencerme de que mi respuesta había sido una chorrada con ínfulas. Pese a que ya no soy militante del partido, todavía pienso que tenían razón en eso. Es bueno unirse a cosas. Estoy seguro de que aburrí soberanamente a mis compañeros de banda con mis soflamas de taburete de bar o de autobús. Pero, en líneas generales, respetaban y aprobaban mis actos. Era feliz con mi trabajo y mi activismo. De hecho, me sentía tremendamente afortunado y realizado. No buscaba ninguna otra causa política, pero una me encontró a mí. No tenía ni idea de que el viaje que estaba emprendiendo me llevaría a recibir amenazas de muerte, a que la cadena Fox News me considerase un personaje «malvado» y a que los jefes de la banda para la que había trabajado con orgullo durante casi dos décadas me pusieran el sambenito de problemático.

He decidido dejar sin cambios las siguientes dos secciones de la primera edición de este libro, publicado en 2017. Por lo tanto, fueron escritas antes de los horrores que se desataron en Gaza entre 2023 y 2025. Al dejarlo tal como estaba, la primera sección ofrece ahora un relato histórico de una Gaza que ya no existe. Me pregunto cuántas de las personas que conocí entonces seguirán vivas. ¿Qué será de aquellos que sí lo están? La sección también subraya el hecho de que, durante muchos años, el racismo cultural y estructural profundamente arraigado contra los palestinos era evidente para cualquiera que observara la situación, incluso superficialmente. Esto se manifestaba regularmente en la violencia estatal perpetrada por un gobierno que sabe que sus poderosos aliados vetarán cualquier intento de imponer el derecho internacional. Estas son, sin duda, las condiciones que pueden conducir al genocidio. En las siguientes secciones describo por qué decidí hacer todo lo posible para levantar la voz de alarma y sumar mi voz a las demandas de una solución justa. A continuación, encontrarán una actualización, escrita en enero de 2025.

La cuestión del boicot cultural

Todo empezó en 1999, la primera vez que Faithless visitó Israel. Habíamos tocado en una fiesta en la playa en algún lugar al sur de Tel Aviv y lo que vino después del concierto fue una maraña confusa de mojitos, júbilo y baños a altas horas en el Mediterráneo. La mañana siguiente, con un buen dolor de cabeza y la boca más seca que el desierto del Néguev, estuve pensando a qué dedicarle mi día libre. La mayor parte de la banda acabó en la playa de nuevo, pero yo me monté otro plan. Había oído algunas cosas sobre la situación política de la región y quise ver con mis propios ojos cómo era la vida de los palestinos.

Salí a la calle, donde hacía cada vez más calor, para emprender el corto pero complicado trayecto que va de Tel Aviv a Gaza. El dramaturgo David Hare comparó en una ocasión ese mismo viaje con ir de

California a Bangladesh. Ciertamente, la pobreza de la que fui testigo cuando llegué a Gaza me impactó. A espaldas de la calle principal, que recibe el nombre de calle Al Nassar, unos cuantos adolescentes escuálidos llevaban burros por calzadas cubiertas de arena mientras que unos zapateros artesanos arreglaban calzado en máquinas con pinta de antigualla. Entre los escombros de uno de los campos de refugiados de Gaza, varios grupos de hombres, a los que no se les permitía cruzar a Israel para trabajar, se amontonaban en torno a partidas de backgammon, y unos chiquillos andrajosos pateaban naranjas de un lado para otro o jugaban al pilla-pilla en medio de la polvareda. Era evidente que Gaza recibía pocas visitas: la gente me miraba con amable curiosidad. Me gritaban «Bienvenido a Gaza» desde los coches que pasaban a mi lado y por todas partes me ofrecían asiento y tacitas de té moruno. Tenía la sensación de que aprobaban y agradecían que me hubiera atrevido a visitarles. Cuando se supo mi nacionalidad, me aleccionaron con severidad acerca de algo llamado Declaración Balfour. Aparentemente, dicho documento implicaba a Gran Bretaña en todo este asunto. En un parque roñoso en el que había un monumento a los mártires de la patria, una joven que llevaba hiyab se me acercó, deseosa de practicar su inglés. Me explicó que los israelíes habían convertido Gaza en una cárcel, una cárcel para todos aquellos cuyo único crimen era ser palestinos.

En 2005 Faithless regresó para tocar en un festival en Haifa. Para entonces yo había hecho ya varios viajes a Palestina, la mayoría a Cisjordania, donde había trabajado con un colectivo de hip-hop llamado The Ramallah Underground. El rapero Boikutt había participado incluso en mi segundo álbum con Slovo. Puesto que Ramallah quedaba tan cerca, invité a Boikutt al concierto de Faithless. Él me lo agradeció, pero me explicó que los puestos de control, el muro de «separación» y las carreteras solo para israelíes que atravesaban Cisjordania harían de ese corto trayecto una misión imposible. Añadió que, como partidario del boicot cultural a Israel, él preferiría que no tocáramos allá. En aquel momento, yo no sabía de ninguna banda o artista occidental que apoyara el boicot. Muchos se habían convencido de que Israel era más bien una víctima inocente de las convulsiones políticas de la región y no un Estado responsable de practicar el terrorismo y el apartheid. No en vano esa era la versión difundida por la mayoría de medios británicos, que reproducían fielmente las afirmaciones de los gobiernos de

Reino Unido y EE. UU. Desde los años 50, esto lo supe más tarde, ambos países habían considerado que entre sus intereses estratégicos estaba dar cobertura política a Israel, así como apoyo económico y militar. Poco después de aquella conversación con Boikutt, las posturas públicas empezaron a modificarse, debido principalmente a las brutales acciones emprendidas por el Estado de Israel.

Primero fue el asalto masivo sobre Líbano en 2006, supuestamente en represalia por el secuestro de dos soldados israelíes por parte de Hezbolá. El conflicto le costó la vida al menos a 1.200 personas (la mayoría de ellas ciudadanas de Líbano) y acabó en derrota para el ejército israelí. Luego vino la Operación Plomo Fundido, el impactante bombardeo de Gaza por parte de Israel entre diciembre de 2008 y enero de 2009, en el que fueron asesinados 1.385 palestinos, 318 de ellos niños.[2] Solo un año más tarde, una flotilla internacional de barcos intentaba llevar ayuda humanitaria a Gaza, que seguía en estado de sitio, y fue atacada por el ejército de Israel en aguas internacionales. Un informe de la ONU con-

2   Informe B'Tselem, 29 de diciembre de 2009, disponible online en www.btselem.org/gaza_strip/20091227_a_year_to_castlead_operation (última visita: 18 de noviembre de 2018). Actualmente no disponible.

cluyó que los soldados israelíes abrieron fuego con munición real antes de abordar ilegalmente una de las embarcaciones. Nueve activistas murieron, seis de los cuales (un estadounidense y cinco ciudadanos turcos) fueron ejecutados. No hubo bajas israelíes. A cada uno de aquellos acontecimientos le siguió un brote de rabia en forma de manifestaciones y ocupaciones estudiantiles por todo el mundo.

El asedio de Gaza me afectaba profundamente. Una misión de reconocimiento de la ONU lo describió como «un ataque deliberadamente desproporcionado diseñado para castigar, humillar y aterrorizar a la población civil, reducir radicalmente la capacidad de la economía local tanto para trabajar como para abastecerse, e instaurar una sensación creciente de dependencia y vulnerabilidad».[3] Aprendí más acerca de la Operación Plomo Fundido tras una oferta de mi amiga Jen Marlowe, cineasta, escritora y activista estadounidense. Me pidió que compusiera la música de One Family in Gaza, un cortometraje suyo que cuenta la historia de la familia Awajah, una entre las

---

3   Informe Goldstone de la Misión de Reconocimiento de las Naciones Unidas sobre el conflicto de Gaza para el Consejo de Derechos Humanos, 29 de septiembre de 2009, disponible online en https://www2. ohchr.org/english/bodies/hrcouncil/docs/12session/A-HRC-12-48_ advance1_sp.pdf (última visita: 18 de noviembre de 2018).

miles de afectadas por el ataque. En el corto, Waffa Awajah cuenta cómo un soldado israelí ejecutó a su hijo Ibrahim (un niño de nueve años desarmado) de un disparo a bocajarro delante de su familia. Cuando Waffa suplicó que dejaran con vida a los otros niños, el soldado se rió. Como se veían incapaces de rescatar el cuerpo de Ibrahim por miedo a que también los mataran, la familia se escondió toda la noche. Waffa estaba ahí mirando mientras los soldados israelíes utilizaban el cuerpo de su hijo para hacer prácticas de tiro.[4]

La constatación pública, cada vez mayor, de los crímenes de Israel supuso que más gente corriente se sintiera impelida a alzar la voz, músicos, escritores y artistas entre muchos otros. La sociedad civil palestina pedía que a Israel se le impusiera un boicot, desinversiones y sanciones (BDS). Las posibilidades de hacerlo realidad iban en aumento.

En 2010, Faithless recibió otra invitación para actuar en Israel. Maxi Jazz planteó por primera vez el tema del boicot en una cena a la que asistió toda la banda menos una persona. Después de una breve discu-

---

4   One Family in Gaza, disponible online en https://vimeo.com/18384109 (última visita: 18 de noviembre de 2018).

sión, todo el mundo estaba de acuerdo en que debíamos sumarnos al boicot y en que Maxi escribiera un comunicado explicando a los fans el porqué:

«Todas las razas, todos los colores, todas las religiones tienen las mismas necesidades».

Hola, soy Maxi Jazz y este es uno de los versos que canto cada noche con mis amigos de Faithless. Y esta breve nota es para todos los fans y la familia de la banda en Israel. Sería justo decir que durante catorce años hemos estado fomentando la bondad, la confianza y la armonía por todo el mundo a nuestro modo, humildemente, ¡pero haciendo mucho ruido! Vale. Nos han pedido que hagamos algunos conciertos este verano en vuestro país y, con profundo dolor de mi corazón, he tenido que rechazar la invitación. Mientras que haya seres humanos a los que se les nieguen repetidamente no solo sus derechos sino sus NECESIDADES, las de sus hijos y abuelos, tengo la honda convicción de que no debo mandar señales, ni siquiera tácitas, de que todo es normal, de que todo está «ok». No debo apoyar ese estado de las cosas y no lo voy a hacer. Me apena que hagamos llegado a este punto y rezo cada día para que los seres humanos cuiden los unos de los otros, convencido de que somos todo lo que tenemos.

Somos 1. maxi [5]

Por aquella época, otros cuantos artistas se unieron al boicot, entre ellos Elvis Costello, los Pixies,

---

5   Véase www.wallsofsilence.org

Massive Attack, Gil Scott-Heron, Santana, Roger Waters, Devendra Banhart, Tindersticks, Pete Seeger, Cassandra Wilson y Cat Power. El crecimiento de la campaña preocupó tanto al gobierno de Israel como a sus aliados internacionales. A principios de 2012, un grupo de 30 altos ejecutivos, agentes y abogados de la industria musical fueron convocados en el despacho de abogados de Ziffren Brittenham en Los Angeles por petición de una entidad llamada Creative Community for Peace [Comunidad creativa por la paz]. Este grupo, bien financiado, lo pusieron en marcha David Renzer, expresidente y CEO de Universal Music Publishing Group y Steve Schnur, director mundial del departamento de música de la empresa de videojuegos EA. El único objetivo de la reunión era evitar que más artistas se sumaran al boicot.[6] Cuando la cantante Macy Gray expresó sus serias dudas acerca de actuar en Israel, Renzer y Schnur dieron un paso al frente. Replicaron que las actuaciones en Israel beneficiaban tanto a israelíes como a palestinos y añadieron que si ella iba, financiarían una ambulancia nueva para United Hatzalah, una organización de profesionales sanitarios israelíes voluntarios. Macy aceptó ir.

---

6   JewishJournal.com, 25 de abril de 2012.

Algunas personas críticas con el boicot se preguntan por qué se señala a Israel cuando son tantos los Estados que tienen un largo historial de malas prácticas. Merece la pena detenerse en esto, porque lo que hay detrás es una lógica perversa que dice que no podemos criticar a un Estado solo porque hay otro aún peor. La gente que plantea esta objeción a menudo la acompaña de una acusación más o menos implícita de antisemitismo. Sostienen que criticar a Israel es ser antijudío. Esta idea confunde el sionismo (el movimiento político que fundó el Estado de Israel) con el judaísmo. Los sionistas han intentado sistemáticamente fusionar esas dos ideas. Yo me opongo a esta confusión. Tal y como afirman los editores del libro *A Time to Speak Out* [Es hora de alzar la voz] de la organización Independent Jewish Voices [Voces judías independientes]:

> Ya que sucesivos gobiernos israelíes se arrogan la representación de los judíos en general, algo que es tan infundado como ofensivo, resulta de vital importancia alzar la voz. Y más cuando en Reino Unido, quienes afirman hablar por el colectivo de judíos británicos (o permiten que esta impresión se extienda sin matices) tienden a reflejar una sola postura acerca de los conflictos de Israel: la del gobierno israelí. En realidad, sin embargo, existe un amplio espectro de opinión entre los judíos de Gran Bretaña (igual que lo hay entre cualquier otra población

judía de cualquier parte del mundo) sobre Israel y sobre el sionismo. Muchos judíos se niegan a ver estos temas a través de una lente estrecha y etnocéntrica. Basan sus opiniones, en cambio, en principios universales como la justicia y los derechos humanos. Y se niegan a aceptar que el Estado de Israel sea quien ofrezca la única identidad judía posible.[7]

Tildar de antisemitas a todas las personas críticas con Israel es como tildar de antiblancas a las que se opusieron al apartheid en Sudáfrica. De hecho, quienes más desgastan la lucha contra el antisemitismo son precisamente aquellos sionistas que se arrogan la representación de todos los judíos y denuncian como antisemita toda oposición a las políticas del gobierno de Israel. Eso es más bien una táctica de acoso dirigida a erradicar la oposición. En palabras de David Clark, exconsejero del gobierno británico laborista en la década de los 90:

> Cuando oigo que alguien afirma que a Israel se le señala injustamente, me gustaría creer que lo que quieren decir es: «Ojalá a la gente le preocupara tanto la población del Tibet, Darfur y Zimbabue, como le preocupan los palestinos». Pero… Sospecho que a menudo lo que quieren decir es: «Ojalá a la gente le importaran tan

---

7   Karpf, Anne et al., (eds.), *A Time to Speak Out: Independent Jewish Voices, Londres*, Verso, 2008, pág. VIII.

poco los palestinos como la población del Tibet, Darfur y Zimbabue».[8]

Además, que no haya llamamientos al boicot cultural en otras partes no demuestra necesariamente que Israel esté sometido a un señalamiento crítico especial. El boicot no es una solución universal que pueda aplicarse a cualquier situación. Es una táctica política. En la mayoría de situaciones puede no ser la mejor opción. Muchos artistas se oponen a los regímenes brutales de Arabia Saudí y Baréin, por ejemplo, pero no tiene sentido plantear un boicot si nunca te han pedido tocar allí. Israel, por contra, es un sitio en el que un boicot cultural puede tener verdadero impacto. El gobierno del país dedica grandes esfuerzos a colgarse la medalla de ser el centro de la región para todo aquello que sea molón, sexy y occidental. Tel Aviv se promociona como una ciudad festiva, abierta y hedonista, una imagen que resulta creíble gracias a las frecuentes visitas que recibe por parte de algunas de las bandas y DJs más conocidos del mundo. Esta imagen de diseño tiene gran importancia para Israel. El mensaje implícito es que es un país liberal y de progreso. Los amantes de la música pueden bailar, beber y salir de fiesta

8   Mulligan, Mark. MIDiA Research 2024-2031. Global music forecasts webinar, 31 de julio de 2024.

hasta altas horas de la noche, felizmente apartados del sufrimiento de los palestinos. En efecto, la música ayuda a ahogar los llantos de los oprimidos en una sociedad que se empeña en negar su papel de opresora. Yo decidí apoyar el boicot cultural porque lo veía como una negativa a ser un cómplice más de este crimen. Es una manera no-violenta y efectiva de visibilizar la realidad de lo que ocurre y de presionar para que cambie. Y lo que es aún más importante, el boicot es lo que la sociedad civil palestina (las víctimas de la opresión) nos había pedido.

Quienes se oponen al boicot cultural argumentan a veces que con él se castiga a la gente equivocada, porque los amantes de la música están entre quienes más a menudo se oponen a las políticas de su gobierno. Pero los conciertos no se dan en un vacío económico ni político. Independientemente de lo ilustrado que sea el fan de un determinado artista, o lo progresista que sea el mensaje de la banda, actuar en Israel puede interpretarse con demasiada facilidad como un acto de conformidad con un Estado que practica el apartheid. El gobierno israelí lo sabe. Lleva tiempo utilizando el poder político de la cultura. Según explicó Brian Eno cuando decidió no consentir que la compañía israelí de danza Batsheva usara su música:

A mi entender, la Embajada de Israel (y por tanto el gobierno israelí) patrocinará las próximas actuaciones y, dado que hace varios años que vengo apoyando la campaña BDS, es una situación que me resulta inaceptable. Quienes se oponen a la campaña BDS suelen decir que no debe utilizarse el arte como arma política. Sin embargo, dado que el gobierno israelí ha dejado bastante claro que usa el arte precisamente de ese modo (con el fin de promocionar la «Marca Israel» y desviar la atención de la ocupación de tierras palestinas) considero que mi decisión de denegar el permiso es una manera de arrebatarles dicha arma de las manos… Me parece que vuestro gobierno explota a artistas como vosotros y juega con vuestro deseo natural de seguir trabajando, incluso si eso significa entrar a formar parte de una estrategia de propaganda. Es posible que vuestra compañía de danza no pueda distanciarse formalmente del gobierno israelí, pero yo sí puedo y lo voy a hacer: no quiero que ningún evento financiado por la embajada de Israel obtenga la licencia necesaria para usar mi música.
He discutido esta decisión con mi amiga Ohal, artista israelí que también apoya la campaña BDS, y sé que ella y sus compañeros de BDS Israel entienden la necesidad de un boicot. Como artistas debemos tener libertad para responder a las injusticias que cometen los gobiernos, ya sea el vuestro o el mío.[9]

---

9   Carta abierta de Brian Eno publicada en septiembre de 2016.

Cuando Faithless se sumó al boicot, nuestro mánager y un miembro destacado de la banda se opusieron con firmeza a la decisión. Presionaron a Maxi para que rectificara, creyendo que los demás haríamos lo que él nos dijera. Otros artistas con los que he hablado cuentan historias similares de presión por parte de los mánagers y otras personas de la industria. Muchos adoptan una solución de compromiso que consiste en rechazar cualquier invitación para tocar en Israel pero sin decir nunca públicamente por qué.

También existe presión por parte de adversarios políticos que no están en la industria de la música, como descubrí al grabar una cuña de radio para South African Artists Against Apartheid mientras estaba de gira con Faithless. En la cuña decía: «Hola, soy Dave Randall de Faithless. Hace veinte años no habría tocado en la Sudáfrica del apartheid, hoy en día no toco en Israel. Ponte del lado bueno de la historia. No amenices el apartheid. Únete al boicot internacional a Israel. Yo apoyo a www.southafrica-nartistsagainstapartheid.com».[10] Cuando la cuña se emitió en 5FM, la cadena especializada en pop de

---

10 El anuncio y más información se pueden encontrar en: www.southafricanartistsagainstapartheid.com/2011/07/legal-victory.html

la red pública de la SABC, tanto la emisora como la promotora de nuestros conciertos recibieron quejas. Se nos advirtió de que habría protestas a la salida de los bolos y la promotora tuvo que contratar un montón de personal de seguridad extra para escanear a todos los asistentes, lo que alimentó la sospecha de que también habían llegado amenazas de muerte más o menos veladas. Mientras esperaba para salir al escenario, el técnico de las guitarras me sonrió y me dio una palmadita en la espalda. «No me pienso poner en medio si te disparan, Dave, pero no te preocupes: les quitaré la sangre a las guitarras». Nos entró una risa nerviosa. Al final las amenazas se quedaron en falsa alarma. No hubo ningún tipo de protesta y el estruendoso público de Ciudad del Cabo no nos dio más que amor.

Desgraciadamente, no podemos decir lo mismo de lo que ocurría entre bambalinas. Al enterarse de lo de la cuña de radio, el mánager me pidió explicaciones por crear una «tormenta de mierda». Le dije que lo sentía si así era como lo había vivido, pero añadí que yo creía haber hecho lo correcto. Le dio una calada bien larga a su cigarro y, como si fuera un padre harto de reñir a un hijo insolente, me dijo: «el motivo por el que la gente se ha disgustado es que ellos han vivido los tiempos del *apartheid* y por eso saben de primera mano lo equivocado que estás con Israel». En tanto que oportunidad para explicar mi postura, su comentario era todo un regalo. Sin que él lo supiera, ese mismo día yo había aceptado una invitación a comer por parte de Ronnie Kasrils, antiguo líder del brazo armado del ANC y ministro en el gobierno del ANC. Yo le había escrito un email antes de salir de Gran Bretaña en el que le pedía una entrevista para «Randall Report», una serie de vídeos que estaba preparando a modo de diario de la gira. Durante la entrevista Kasrils había refutado categóricamente la afirmación de nuestro mánager. Estaba convencido de que Israel practica, en la actualidad, una cierta forma de *apartheid*, y apoyaba plenamente el movimiento BDS. Añadió que también lo apoyaban tanto el arzobispo Desmond Tutu, veterano de la lucha contra el *apartheid* sudafricano, como el Congreso Nacional de Sindicatos de Sudáfrica. En palabras de Nelson Mandela, «nuestra libertad no está completa sin la libertad de los palestinos». Se lo conté al mánager. Le echó otro tiro a su cigarro con la mirada perdida, en un gesto que interpreté como de aceptación de que no iba a ganar la discusión política.

Pero, como comprobaría más tarde, dar respuestas inteligentes a mánagers cabreados tiene sus inconvenientes. Creo que en ese momento dejé de ser para él un «izquierdista entrañable al que hay que atar en corto». Pasé a la categoría de «tipo problemático al que hay que purgar». Al día siguiente apareció en la página web de Faithless un comunicado en el que se pedían disculpas por «cualquier ofensa que hayan podido causar las opiniones vertidas por el guitarrista Dave Randall» y se aclaraba que dichas opiniones «no representaban las del resto de la banda». Fue una reacción extraña, porque lo que consiguió fue atraer más atención sobre un asunto que hasta ese momento no había salido del dial sudafricano. Y se basaba en la rara premisa de que *algunos* de los miembros de la banda no tienen derecho a mostrar sus opiniones. ¿O es acaso que los miembros de la banda no tienen derecho a mostrar ciertas opiniones? ¿O las dos cosas? Maxi ha dicho en muchas entrevistas que es budista y amante de las carreras de motos. A ningún mánager se le ocurrió publicar nunca un comunicado en el que se asegurara a los fans que el resto no éramos una panda de adictos a la gasolina y que no íbamos por ahí cantando *namyo-herengi-kyo*. La diferencia, claro, es que lo que yo pienso sobre Israel se consideraba potencialmente dañino para la marca Faithless. Los últimos años se había cerrado un número cada vez mayor de acuerdos publicitarios, presumiblemente muy lucrativos, los últimos con Coca-Cola, Tesco y Fiat. El mánager quería conservar una imagen «amable» de cara a los inversores y un guitarrista que daba la lata con Palestina no estaba en el guión previsto.

Mi canción de campaña

Una vez que fui consciente de los problemas a los que se enfrentaban los palestinos, pensé que otro pequeño gesto de solidaridad que podría tener sería una canción. Merece la pena contar esta historia porque arroja algo de luz sobre los cambios fundamentales y las nuevas oportunidades que han surgido a comienzos del siglo XXI.

Billy Bragg señala a menudo que en los años 60, 70 y 80 las canciones eran el medio a través del cual la gente joven comunicaba ideas y mensajes políticos. Sugiere con ello que ahora los blogs y las redes sociales cumplen esa función. Desde luego que las redes sociales les proporcionan a los activistas herramientas con mucha fuerza, pero es erróneo decir que ya no importan las canciones. Siempre va a hacer falta la música para describir el mundo e iluminar contradicciones de formas que las palabras, por sí solas, no alcanzan. El hecho de que hoy en día se puedan compartir al instante reflexiones y datos con millones de personas no cambia la cosa. Lo que internet sí cambia es la relación entre artistas y público. Nos da la posibilidad de pasar por encima de los viejos guardianes de la industria musical y los medios de comunicación y utilizar redes alternativas para llegar a la gente. El modesto éxito que tuvo mi canción no habría sido posible antes de internet.

Escribir buenas canciones no es fácil, por no hablar de las que, además, consiguen comunicar un mensaje político. Yo sabía que no podía complacer a todo el mundo. A quienes ya apoyaban las cuestiones políticas podía no gustarles la canción y a quienes admiraban mi carrera musical podía no gustarles mi orientación política. Cualquiera que ha intentado hacer música abiertamente política se ha enfrentado a esta clase de problemas. Decidí probar suerte de todas formas… ¿Para qué sirve la música si no puede, aunque sea de vez en cuando, «consolar a los desconsolados e incomodar a los acomodados»?[11]

---

11 En inglés «*comfort the disturbed and disturb the comfortable*», lema que popularizó el artista callejero Banksy [N. del T.].

Cualquier crítica a Israel provoca polémica, al menos en Europa y Norteamérica, por las razones indicadas anteriormente. El objetivo político de mi canción era introducir la solidaridad con Palestina en la esfera pública. Hay mucho y muy buen hip-hop árabe que habla de Palestina en tono áspero. Yo quería escribir algo que llegara a un público diferente, a gente que no supiera nada del tema. Tenía que ser una canción animada, accesible, desafiante (incluso un poco «hortera»). La música debía aportar un toque reconfortante, familiar, a una letra que más de uno consideraría provocadora. También hacía falta que representara la amplitud, el carácter inclusivo y el internacionalismo del movimiento de solidaridad, con colaboradores de distintos países, culturas y bagajes. Este internacionalismo, además, debía reflejarse en el nombre del artista.

Tenía una importancia capital que los palestinos apoyaran la canción y se mostraran conformes con sus objetivos. Poco después de que se me ocurriera la idea, visité Cisjordania y hablé largo y tendido con distintos activistas, entre los que estaban Omar Barghouti y Jamal Juma, del Boycott National Committee y de la campaña Stop The Wall, respectivamente. Me animaron y grabaron unos mensajes de apoyo. El resultado fue la canción *Freedom for Palestine*, publicada en julio de 2011 bajo el seudónimo colectivo OneWorld. Tocaban en ella la mayoría de los miembros Faithless incluido Maxi Jazz, mi viejo amigo Jamie Catto de 1 Giant Leap, el virtuoso británico-iraquí del laúd Attab Haddad, miembros del London Community Gospel Choir y, desde Sudáfrica, el Durban Gospel Choir, al que grabé y filmé en un extenuante día libre de la gira sudafricana de Faithless de 2011. Comparada con la de Sun City, el himno *antiapartheid* de los 80 plagado de estrellas, teníamos una alineación modesta. Pero fue suficiente para hacer que se propagara el mensaje. Por otro lado, el movimiento de solidaridad con Palestina se encontraba en un estado de desarrollo diferente al alcanzado por el movimiento contra el *apartheid* sudafricano en los 80. Mi canción suponía un pequeño paso en la dirección correcta, poco más. Todos los beneficios irían destinados a proyectos en Palestina a través de la organización benéfica War on Want, con sede en Reino Unido.

Por las mismas fechas en que se publicó el tema, invitaron a una veterana activista de War on Want, Yasmin Khan, al programa de humor *10 O'Clock Live*, del Channel 4. Fuera de emisión, Yasmin aprovechó la oportunidad para hablarle de la canción a una de las presentadoras, Lauren Laverne de BBC 6 Music. Laverne le advirtió de que la cuestión política haría muy difícil que eso se escuchara en la BBC. Y tenía razón. No conseguimos que la pusieran ni una sola vez. En el siglo XX, un single independiente sin presupuesto para la promoción, sin sonar en la radio y sin recibir ningún tipo de apoyo de los medios de comunicación lo más seguro es que hubiera pasado completamente desapercibido. Pero en 2011 ya se habían abierto nuevos circuitos con gran potencial para compartir música. En una reunión en el centro de Londres, grupos de activistas entre los que estaban War on Want, la Palestine Solidarity Campaign, la plataforma Stop The War, Friends of Al-Aqsa, Jews for Justice for Palestinians, Israeli Committee Against House Demolitions UK y el Russell Tribunal acordaron usar la canción como piedra angular de una campaña coordinada en redes sociales. Por medio de aquellas redes, comenzamos a llegar a un público que se encargó de difundir el mensaje.

En cuestión de días nos llovieron los apoyos de todos los rincones del planeta. La novelista estadounidense Alice Walker mandó una emocionante reseña de la canción: «Esto es lo que puede hacer el arte, y lo que tiene que hacer, ayudarnos a salvar lo que nos queda de humanidad. *Freedom for Palestine* me puso en pie para bailar con cualquiera que, en cualquier parte del mundo, distinga el bien del mal y elija unirse y disfrutar de la fiesta mundial de las personas justas». Roger Waters, de Pink Floyd, también mandó su mensaje de apoyo: «Aplaudo a Dave Randall y a Maxi Jazz, y a todos los músicos que se han juntado para grabar *Freedom for Palestine*. Comparto y apoyo al cien por cien los sentimientos que expresan en su canción. Más poder para ellos y para quienes se unen a la lucha por una Palestina libre. Venceremos».

La canción circuló también en la propia Palestina. Mi amigo Boikutt me contó satisfecho que toda Ramallah estaba hablando de eso. Hubo incluso gente joven de Gaza que creó un vídeo nuevo para la canción y lo subió a YouTube.

Y aún hay más. Billy Bragg y Massive Attack publicaron muestras de apoyo en sus páginas de Facebook, y con ello encendieron discusiones *online* gigantescas. Entonces Coldplay, una de las bandas más importantes del mundo en aquel momento, compartió la siguiente frase en Facebook: «Algunos amigos nuestros están implicados en el nuevo tema *Free-*

dom for Palestine de OneWorld» junto con un enlace a la página web de OneWorld y al vídeo. Esta publicación la vieron varios millones de seguidores. Era una afirmación muy breve y cauta, pero hizo estallar una discusión *online* masiva con miles de respuestas tanto a favor como en contra. El periódico israelí *Haaretz* informó del apoyo de Coldplay, igual que el *Guardian* británico y un montón de blogs políticos de todo el mundo. Yo estaba encantado. Se estaba generando una ola en torno a la canción. Poco después, nos llegó la noticia de que el arzobispo Desmond Tutu había grabado un vídeo recomendando la canción y que un parlamentario liberal británico la había elogiado en una intervención en la Cámara de los Comunes. Este parlamentario pidió al gobierno que «uniera sus fuerzas a las de los gobiernos de todo el mundo para presionar a Israel y forzar el cumplimiento de las resoluciones de la ONU».

Y entonces llegó el momento más divertido, de largo, de toda la campaña. En un programa de Fox News para EE.UU., presentado por Glenn Beck, se describió la canción y a sus creadores como criaturas del mal. Glenn Beck es un locutor incendiario de la derecha estadounidense. Dedicó diez minutos a denunciar la canción, poner un trozo largo del vídeo y leer una lista de apoyos, que incluía a Coldplay, para acabar haciendo un llamamiento a creativos de Hollywood para que diseñaran una respuesta. No podríamos haber conseguido mejor publicidad.

Pese a la falta de emisiones por radio, la canción entró en los diez primeros puestos de las listas independientes y alcanzó el número 79 de la lista comercial en Reino Unido. No fue espectacular, pero los puestos en las listas nunca fueron el verdadero objetivo. Nuestra misión era despertar conciencias y provocar una discusión que llegara a un público mayor, que se colara en el *mainstream*, y lo habíamos conseguido.

En los días previos a internet, una canción publicada en un minúsculo sello independiente con un seudónimo colectivo perfectamente desconocido, y encima ignorada o excluida por los medios de comunicación, no podría haber alcanzado jamás semejante éxito. No obstante, deberíamos ser precavidos y no exagerar acerca de hasta qué punto internet y las redes sociales han cambiado o «democratizado» el panorama cultural. Las diferencias entre las listas independientes y las comerciales nos hablan del dominio que ejercen las grandes discográficas. De los ochenta primeros puestos de aquella semana, setenta los ocupaban productos de grandes compañías. Incluso la lista independiente está dominada por empresas enormes como XL Recordings. Las grandes fortunas siguen mandando sobre la cultura de masas y la vida es precaria para los peces chicos de la industria de la música. Nuestros logros, modestos pero ciertos, no se deben únicamente a internet. Igual que tantas otras canciones antes que la mía, *Freedom for Palestine* no habría prosperado de no ser por las organizaciones y redes activistas que la sostuvieron. Fue la combinación de redes sociales y movimientos sociales la que hizo posible un éxito así.

Genocidio en Gaza: Actualización, enero de 2025

> Los niños son siempre nuestros, cada uno de ellos, en todos los rincones del mundo; y empiezo a sospechar que quien sea incapaz de reconocer esto, puede ser incapaz de poseer moralidad.
>
> *James Baldwin*

> Cuando yo muera, ¿me pondrán en una tumba con mi mamá y mi papá?
>
> *Niño en Gaza*, octubre de 2024[12]

---

12 Una de las preguntas de los niños recogidas en Gaza, en octubre de 2024, por el Centro de Trauma de Palestina (Reino Unido).

La canción de campaña sobre la que escribí en la sección anterior salió en 2011, unos meses después de mis comentarios a favor del boicot cultural a Israel. Al hacerlo, me uní a un movimiento de solidaridad global que comenzaba a tener un impacto real. Sin embargo, es significativo que la evidencia que puedo citar para respaldar esa afirmación no son una serie de concesiones forzadas a los israelíes, sino el hecho de que el gobierno israelí tipificó como delito la promoción del BDS. En el Reino Unido, los partidarios de Israel presionaron a los partidos políticos, sindicatos, universidades y organismos públicos para que adoptaran una definición oficial de antisemitismo que incluyera como ejemplos de tal comportamiento «la afirmación que la existencia del Estado de Israel es una iniciativa racista» y «la comparación de la política israelí contemporánea con la de los nazis».[13] Tuvieron éxito, y como era de esperar, las acusaciones de antisemitismo fueron cada vez más utilizadas como un arma por aquellos que buscaban socavar el Movimiento de Solidaridad con Palestina en general y el liderazgo de Jeremy Corbyn en el Partido Laborista en particular. Los mú-

---

13 IHRA «Working Definition of Antisemitism». https://holo caustre-membrance.com/resources/working-definition- antisemitism [última revisión agosto 2025].

sicos de alto perfil desempeñaron un papel mixto en este período. Fue especialmente decepcionante el papel que desempeñó Radiohead, quienes anunciaron un concierto en Tel Aviv en 2017. Cuando se les preguntó sobre la decisión, el cantante Thom Yorke atacó el movimiento de solidaridad y calificó a los activistas que ondeaban banderas palestinas en uno de sus conciertos como «gente de mierda». En parte como respuesta, escribí un artículo para *The Guardian*, publicado en julio de 2017, titulado «Radiohead se equivoca al tocar en Israel. He aquí por qué». El icono del indie australiano Nick Cave fue incluso más lejos que Yorke en una entrevista en la que calificó el boicot cultural como «cobarde y vergonzoso». El efecto acumulativo de estos ataques se sintió en todo el Movimiento de Solidaridad con Palestina. Mientras tanto, en Estados Unidos, en diciembre de 2017, la (primera) administración de Trump reconoció oficialmente a Jerusalén como la capital de Israel. El primer ministro israelí, Benjamin Netanyahu, celebró la decisión, y la extrema derecha israelí, muchos de cuyos miembros habían expresado abiertamente intenciones genocidas hacia los palestinos, fue ganando confianza y apoyo.

Ante el deterioro de la situación, los activistas palestinos en Gaza decidieron probar otra táctica de protesta no violenta, esta vez inspirada en el movimiento estadounidense por los derechos civiles. Realizarían una marcha. El 30 de marzo de 2018, 30 000 ciudadanos desfilaron por la Franja de Gaza para protestar contra el bloqueo y exigir el derecho de los refugiados palestinos a regresar a sus hogares. Volvieron a marchar en protestas más multitudinarias los viernes siguientes: el 6 de abril, el 13 de abril, el 20 de abril, el 27 de abril y el 4 de mayo. Estos eventos pasaron a conocerse como la Gran Marcha del Retorno. Cuando el número de participantes alcanzó su punto máximo el 14 de mayo, las fuerzas israelíes apostadas a lo largo de la cerca fronteriza dispararon y mataron a 60 manifestantes. Cabe aclarar que esto no puede justificarse como una respuesta proporcionada a ninguna amenaza que pudieran suponer los manifestantes: ningún israelí había resultado muerto o gravemente herido durante esa o ninguna otra protesta. Las marchas posteriores también fueron atacadas. Para el 27 de diciembre, el número de muertos palestinos alcanzó los 223, lo que llevó a los organizadores a poner fin a la Gran Marcha.

Así, una táctica no violenta de lucha política, el BDS, había sido criminalizada en Israel, y sus defensores internacionales difamados. Otra táctica, las marchas al estilo del movimiento por los derechos civiles, habían sido violentamente reprimidas. Los israelíes no hicieron concesiones ni implementaron reformas. La ocupación y la opresión, con todas sus humillaciones y dolor, continuaron sin cesar.

El gobierno egipcio advirtió de una catástrofe si no se lograban avances políticos, mientras que Arabia Saudí predijo una «explosión». Ésta se produjo el 7 de octubre de 2023. En ese día, algunos militantes de Hamas traspasaron la valla en el norte de la Franja de Gaza, cerca del cruce de Erez, y llevaron a cabo una matanza brutal que cobró la vida de 1139 personas. También secuestraron alrededor de 250 rehenes. Parte del ataque ocurrió en una fiesta *rave* no muy distinta a la que yo había protagonizado en mi primera visita a Israel tantos años atrás. Los palestinos se preparaban para la respuesta de Israel. Era muy probable que la respuesta fuera una campaña militar masiva que causaría muerte y destrucción a muchos inocentes. Sin embargo, su escala, su ferocidad y sus claras intenciones genocidas sorprendieron al mundo. Para cualquiera que tenga algo de interés e imparcialidad, es evidente que esta campaña militar representa uno de los grandes crímenes de nuestro tiempo. Lo hemos presenciado a través de testimonios de primera mano publicados por civiles palestinos y trabajadores de ONGs internacionales en las redes sociales. Estos muestran el castigo colectivo brutal e implacable a una población ya empobrecida y desesperada, la mitad de la cual son niños. Para enero de 2025, según cifras oficiales, la invasión había matado a más de 46 000 palestinos en Gaza. La organización benéfica Medical Aid for Palestinians [Ayuda médica para palestinos], que ha mantenido una presencia en Gaza durante todo este tiempo, estima que la cifra más precisa supera los 200 000. También ha aumentado la violencia contra los palestinos en Cisjordania, y parece que esta seguirá escalando con el intento del presidente Trump de legitimar los asentamientos israelíes ilegales. El ejército israelí, que perpetra estas atrocidades, está financiado y abastecido por EE. UU. y Reino Unido. Pocos políticos o periodistas de los principales medios de comunicación de esos países parecen estar preocupados. Por el contrario, repiten las diversas justificaciones y tergiversaciones emitidas por los funcionarios israelíes y hacen la vista gorda ante el sufrimiento inimaginable que padecen los palestinos. Con ello, se han hecho cómplices de este genocidio. La respuesta de los músicos conocidos ha sido, hasta ahora, dispar. Para cuando leas estas palabras, puede que se haya alcanzado un punto de inflexión y todos proclamen haber apoyado siempre a los palestinos. Ojalá sea así. Pero la verdad es que, hasta enero de 2025 (más de un año después del brutal asalto israelí a Gaza), muchos de los artistas musicales más grandes del mundo han guardado silencio. Hay muchas excepciones respetables. Macklemore grabó temas en solidaridad con los palestinos y habló en manifestaciones. Billie Eilish, Cardi B, Solange, Dua Lipa, Kehlani, SZA, Brian Eno, The Weeknd, Yasiin Bey, Roger Waters, Björk, Shirley Manson, IDLES, King Gizzard and the Lizard Wizard, Bob Vylan, Dave, Stormzy, Little Simz, Michael Stipe, Sam Fender, Scene Queen, Enter Shikari, Jesse Welles, Lambrini Girls, Young Fathers, Greentea Peng y Lorde hicieron fuertes declaraciones condenando las acciones de Israel, ya sea en el escenario o en las redes sociales. La solidaridad con Palestina fue un tema recurrente en el histórico concierto de «Climate Action Accelerator» de Massive Attack en Clifton Downs, Bristol, el 25 de agosto de 2024, que también contó con Killer Mike y Lankum. En el mundo del hard rock, Pest Control,

Scowl, Speed, Zulu y otros cancelaron sus apariciones en el Download Festival debido al patrocinio de Barclays Bank y sus conexiones con Israel. Los veteranos de campañas anteriores se unieron para un concierto, «Artists for Gaza», en Soho el 3 de noviembre. Entre ellos estaban Jerry Dammers, Paul Simonon (The Clash), Norman Jay y Giles Peterson. Después llegó una de las declaraciones de solidaridad más contundentes, la del guitarrista de Fontaines D.C., Carlos O'Connell. Al recibir el premio del mejor álbum de la revista Rolling Stone UK el 28 de noviembre, declaró durante su discurso de aceptación: «Es un poco raro que esta sea la primera vez que se dice algo al respecto en toda la noche, pero voy a decirlo: ¡Libertad para Palestina! Que se joda Netanyahu. A la mierda el sionismo. ¡Libertad para Palestina!» A continuación, Paul Weller organizó un concierto por Gaza en la Brixton Academy el 13 de diciembre, cantó él, Primal Scream, Paloma Faith, Łiam Bailey, Lowkey y Kneecap. Eric Clapton estuvo de gira durante este período con una guitarra Fender Stratocaster[14] con la bandera de Palestina (sí, el mismo guitarrista cuyo arrebato de ira llevó a la formación de Rock Against Racism en 1978, a los 79

---

14 Guitarra de cuerpo macizo, obtenido a partir de una sola pieza de madera. [N. de T.].

años finalmente ha encontrado principios políticos decentes). La lista no es muy extensa, aunque estoy seguro de que muchos otros también alzaron la voz. Pero también estoy igualmente seguro de que muchos de nuestros artistas más grandes no lo hicieron. Artistas que se han pronunciado sobre otros problemas permanecieron en silencio, a pesar de que nuestro gobierno brindaba apoyo político (ligeramente cualificado) y suministrando armas para una campaña militar que estaba matando miles de niños ante nuestros ojos. El arzobispo Desmond Tutu dijo la famosa frase: «Si eres neutral en situaciones de injusticia, has elegido el lado del opresor». En sintonía con nuestro gobierno, la BBC y otros periodistas de medios principales, muchos de nuestros artistas más grandes han dejado claro sus alineamientos. A nivel popular, el apoyo a los palestinos ha sido generalizado y los eventos de solidaridad local han proliferado. He tocado en varios de ellos con la artista emergente Barbarella (Barbara Pugliese), que estaba produciendo su álbum durante este período. Ella organizó uno de esos eventos benéficos en el Bird's Nest en Deptford, que coencabezamos con la extraordinaria cantante kurda Ayse Roza. Mi amigo Shabbir Lakha, de la Coalición Stop The War, ofreció un agudo análisis político en un discurso brillante.

En Bristol, donde ahora vivo, la mayoría de los locales han acogido numerosos eventos de Solidaridad con Palestina y muchos ahora exhiben la bandera palestina de forma permanente como un gesto de solidaridad. Incluso en Berlín, donde la línea oficial (y la legislación) es más agresivamente pro-Israel, ha habido muchos valientes que se han pronunciado. Mi amigo Stephanos Pantelas (DJ Elninodiablo) dirige Lunchbox Candy, uno de los clubes *queer* más populares de la ciudad junto con el cofundador Adam Munnings. Desde el inicio del bombardeo israelí de Gaza, donaron públicamente y con orgullo un porcentaje de las ganancias del evento a Medical Aid for Palestinians y organizaron una recaudación de fondos durante la semana del Orgullo de Berlín, gestos que han sido apoyados con entusiasmo por la mayoría de su comunidad. Esas son solo anécdotas, por supuesto, pero tal vez den una mejor idea del verdadero estado de ánimo en la sociedad a diferencia de los informes de los medios de comunicación convencionales.

La disyuntiva entre las narrativas oficiales y el estado de ánimo público también se refleja en las calles. Chris Nineham, de la Stop the War Coalition, me comentó que, según una encuesta informal realizada por activistas, entre 2,5 y 3,5 millones de personas han participado en al menos una de las 24 manifestaciones nacionales en solidaridad con Palestina que han llenado las calles de Londres regularmente desde octubre de 2023. Esto a pesar de que Suella Braverman (la entonces ministra del Interior) las calificara de «marchas de odio», alentó a los matones de extrema derecha a atacar a los participantes e intentó imponer una prohibición policial. Los manifestantes no se dejaron disuadir, y fue Braverman, y no el movimiento, quien se vio obligada a dimitir.

El 19 de enero de 2025, finalmente entró en vigor un alto el fuego en Gaza. Dejo las últimas palabras de esta sección al Comité Nacional BDS Palestina, que publicó el siguiente comunicado el 15 de enero, cuando se anunció el alto el fuego:

El Comité Nacional Palestino de BDS (BNC), la coalición más grande de la sociedad palestina que lidera el movimiento global de Boicot, Desinversión y Sanciones (BDS), celebra con alivio la noticia del acuerdo de alto el fuego. Sin embargo, un alto el fuego es solo el primer paso más importante para poner fin al genocidio contra los 2,3 millones de palestinos en la Franja de Gaza, ocupada y sitiada ilegalmente. Sin una presión masiva, el genocidio podría continuar de una forma menos visible, con lo que Israel y los Estados Unidos esperan que provoque menos indignación regional y global, boicots y sanciones.

Al fin y al cabo, el genocidio de israelí, armado, financiado y exento de la rendición de cuentas por el Occidente colonial, redujo intencionadamente la Franja de Gaza, ilegalmente ocupada, a un territorio inhabitable mediante la destrucción de las condiciones necesarias para vivir, una destrucción diseñada para causar la pérdida masiva y continua de vidas palestinas, la propagación de enfermedades infecciosas, así como la hambruna o inseguridad alimentaria durante los años venideros, mientras tanto se intentaba forzar al exilio al mayor número posible de palestinos. Según los expertos en derechos humanos de la ONU, este genocidio ha incluido «el domicidio, urbicidio, escolaricidio, medicidio, genocidio cultural y, más recientemente, ecocidio». Los efectos devastadores de todos estos crímenes, así como la inanición inducida por Israel, seguirán matando a miles de palestinos más debido a la enorme carnicería y a la destrucción deliberada por parte de Israel de las condiciones de vida necesarias en Gaza. Solo una presión global masiva, especialmente en forma de BDS, puede realmente contribuir a poner fin al genocidio de Israel y apoyar la lucha palestina para desmantelar el apartheid israelí.[15]

---

15   El Comité Nacional Palestino de BDS (BNC), 15 de enero de 2025.

2. La música de las revoluciones árabes

Decía sobre mi canción de campaña para Palestina que fue la combinación de las redes sociales y los movimientos sociales lo que hizo posible el éxito. Algo por el estilo podría decirse de la bastante más relevante secuencia de acontecimientos que conocemos como Primavera Árabe. Estas revueltas están entre los acontecimientos de mayor importancia de la historia política reciente, así que merece la pena prestarle atención a sus bandas sonoras. El relato musical que viene a continuación traza la misma parábola trágica que la Primavera Árabe en su conjunto. Empieza con un tema de hip-hop hecho por un joven optimista de 21 años y termina con el cuerpo de un cantante varado a las orillas del río Orontes.

La Primavera Árabe comenzó en Túnez a finales de 2010 con una serie de protestas y huelgas que recorrieron el país, lo que llevó a la caída del dictador respaldado por EE. UU., Zine El Abidine Ben Ali. La historia de la revuelta empieza, según muchas versiones, el 17 de diciembre de 2010 con el trágico suicidio del vendedor de fruta Mohamed Bouazizi. No cabe duda de que el acto se convirtió en un punto de inflexión simbólico para las masas tunecinas, oprimidas desde hacía mucho tiempo, pero hubo otros catalizadores anteriores. Uno de ellos fue un tema grabado por Hamada Ben Amor, un joven artista de hip-hop y seguidor del rapero estadounidense Tupac Shakur. En noviembre de 2010, bajo el seudónimo de El General, subió a YouTube la canción *Rais Lebled* [Señor Presidente]. El video, autoproducido, comenzaba con unas imágenes de un viejo informativo en el que el dictador tunecino hacía llorar a un chiquillo sin pretenderlo en una exhibición cuidadosamente orquestada de su bondad y popularidad. La letra se dirigía directamente al presidente: «Conoces estas palabras que hacen llorar a tus ojos, como un padre que no quiere lastimar a sus hijos; entonces este es un mensaje de uno de tus hijos que cuenta su sufrimiento; estamos viviendo como perros».

Aunque la canción hacía un retrato muy duro de la vida bajo el mandato de Ben Ali, no llegaba a exigir su salida. Se trataba más bien de una petición de reformas. Se dirigía incluso al dictador como a «un padre». Este tono subordinado, al menos de inicio se puede encontrar una y otra vez en la historia de las revoluciones. La gente empieza por contarle a los poderosos cómo están las cosas con la esperanza de que se hagan reformas. Cuando se ignora o se responde con represión a estas peticiones, lo que sigue es un proceso de radicalización y las demandas se vuelven revolucionarias. Podemos apreciar aquí justo ese mismo patrón. Rais Lebled se publicó en YouTube y Facebook el 7 de noviembre de 2010 y se difundió rápidamente por las redes sociales. Mohamed Bouazizi se prendió fuego el 17 de diciembre, y a partir de ahí tuvo lugar una explosión de manifestaciones a favor de la democracia. Las protestas recibieron como respuesta gases lacrimógenos, porras y violencia. Esta reacción del gobierno radicalizó a la población. El 22 de diciembre, El General lanzó una nueva canción titulada *Tounes Bledna* [Túnez es nuestro país]:

> ¡Túnez es nuestro país, con política o con sangre!
> ¡Túnez es nuestro país y sus hombres nunca se rinden!

¡Túnez es nuestro país, todo el pueblo mano a mano!
¡Túnez es nuestro país, y hoy tenemos que encontrar la
solución

Ahora ya no intentaba «contarle la verdad al poder». En su lugar, con un tono más militante, El General reconocía que la solución estaba únicamente en manos de la gente. Y eso para el régimen era ir demasiado lejos. El General fue considerado una amenaza tan grande que, el 6 de enero de 2011, 30 agentes de las fuerzas de seguridad tiraron abajo la puerta de su casa y lo llevaron a prisión, «siguiendo órdenes del mismo Ben Ali». Afortunadamente, en cuestión de una semana, las huelgas masivas y las manifestaciones forzaron a Ben Ali a huir del país. El General fue liberado.

Rais Lebled no solo fue una expresión importante de los aires revolucionarios que sacudían Túnez, también pasó rápidamente a Egipto. Esta es una de las mayores virtudes de la música, especialmente en la era de internet. Si no hay una barrera idiomática, las protestas en las calles de un país pueden adoptar inmediatamente las melodías y los cánticos de la revolución vecina, o de cualquier otra de cualquier lugar del mundo. El lema «El pueblo exige la caída del régimen» se escuchó por primera vez en Túnez a finales de 2010. Para enero de 2011, ya estaba sonando por todo Egipto.

En la Plaza Tahrir de El Cairo, un cantautor y estudiante a tiempo parcial de 23 años llamado Ramy Essam escuchaba los diversos cánticos políticos. Inspirado por los eventos en Túnez, se unió a miles de otros egipcios que acudían a la plaza para exigir la salida del dictador Hosni Mubarak, respaldado por EE. UU. A Essam le parecía que los cánticos estaban perdiendo fuerza y se estaban volviendo repetitivos. Ganarían mucho, pensó, si se les pusiera música. Equipado nada más que con una guitarra acústica, se puso manos a la obra y se convirtió en el cantante más importante y más reconocido de la revolución egipcia. La simplicidad de sus canciones y la elección del instrumento nos da un contraejemplo refrescante a la idea de que la revolución dependía de las nuevas tecnologías, los teléfonos móviles y las redes sociales. Woody Guthrie y Víctor Jara se habrían sentido como en casa tocando junto a Essam y los demás cantantes de la plaza. La canción más conocida de Essam se llama *Irhal* [*¡Vete!*].

> Somos todos uno, tenemos una sola petición.
> ¡Fuera, fuera Hosni Mubarak!

El pueblo exige la caída del régimen.
¡Vete! ¡Vete! ¡Vete! ¡Vete!

El 11 de febrero Mubarak se fue, efectivamente, para el asombro del mundo entero. Faithless estaba en Sudáfrica aquellos días, así que me uní a una celebración espontánea en solidaridad con el pueblo egipcio que tuvo lugar en las escalinatas de la catedral de Saint George, en Ciudad del Cabo. Recuerdo a un clérigo, con largas túnicas oscuras, sonriendo bajo el sol y sosteniendo bien alto un cartel hecho a mano que decía: «Democracia ahora – de Ciudad del Cabo a El Cairo con amor». Pero, aunque Mubarak se había ido, sus generales no. Muchos manifestantes, incluido Essam, permanecieron en la plaza para defender y hacer avanzar la revolución. El 9 de marzo de 2011, entró el ejército. Essam fue identificado y lo llevaron a un museo que el ejército había convertido temporalmente en prisión. Allí fue duramente golpeado y torturado. Unos pocos días después, tras su liberación, Essam volvió heroicamente a la plaza para seguir cantando *Irhal*, pero ahora había cambiado las referencias a Mubarak por otras dirigidas a los militares. En el momento que escribo estas líneas[16], Egipto sigue bajo el mando

---

16 El autor se refiere a la primera edición de este capítulo en 2017.

de los generales. Essam, que se ha visto obligado a buscar asilo en Suecia, sigue cantando.

La revolución egipcia tuvo otro aspecto fascinante en cuanto a la música. Al tiempo que hacían suyas las nuevas canciones de Essam y compañía, los manifestantes también vincularon simbólicamente la lucha contra Mubarak, respaldado por Occidente, con la lucha antiimperialista que tuvo lugar unos noventa años antes. Lo hicieron reviviendo la memoria de uno de los grandes rebeldes musicales de la historia de Egipto, Sayed Darwish.

La cantante palestina Reem Kelani me contó una vez que Sayed Darwish era el equivalente egipcio de Woody Guthrie y George Gershwin. Ciertamente, compartía con aquellos héroes estadounidenses sus orígenes humildes. Nacido en 1892 en un distrito de clase obrera de Alejandría, compaginó los estudios musicales con su oficio de albañil para mantener a su familia. En 1918 se mudó a El Cairo buscando hacerse un hueco en el teatro musical. Allí conoció al dramaturgo y poeta Badî' Khayrî, quien se convertiría en su amigo y colaborador para toda la vida. Juntos crearon una gran cantidad de obras en las que relataban las vidas de la clase trabajadora de Egipto y de aquellas personas que habitaban en los márgenes de la sociedad. Los portaequipajes de las estaciones de tren, las mujeres trabajadoras, las comunidades nubias minoritarias e incluso los drogadictos se convirtieron en los protagonistas dignificados de sus canciones populares y operetas.

Darwish y Khayrî también escribieron canciones contra la polarización religiosa y el sectarismo, canciones que llamaban a la unidad entre musulmanes y cristianos coptos. La historia de la muerte del padre de Khayrî vale como ejemplo de su sinceridad. Darwish fue a dar el pésame a la Iglesia copta local, pero allí no aparecía ninguna comitiva fúnebre. Confundido y preocupado, se acercó a casa de Khayrî y se encontró a la familia reunida, sentada, leyendo el Corán. El hecho de que los equivalentes egipcios a George e Ira Gershwin no conocieran la religión del otro habla bien a las claras de lo poco que les afectaban el dogma y las divisiones.

Egipto estaba en aquellos tiempos bajo dominio colonial británico. Muchos egipcios habían luchado con los británicos en la I Guerra Mundial y esperaban recibir la independencia como recompensa. La metrópoli, sin embargo, no tenía intención de desprenderse de un territorio de semejante importancia estratégica. Egipto, y en concreto el control del Canal de Suez, eran claves dentro de sus planes imperialistas para la región. La indignación a pie de calle fue en aumento al mismo tiempo que el fonógrafo (llegado a Egipto por primera vez en 1904) y una mejor distribución de partituras hacían crecer la popularidad y la capacidad de influencia de los compositores. Darwish empezó a escribir canciones nacionalistas y panarabistas. Cuando estalló la revuelta, en 1919, se convirtieron en himnos. Hay una canción cuya historia demuestra la capacidad que tiene el significado social y político de la música de cambiar según las circunstancias.

En 1919 todo Egipto cantaba en tono desafiante *Bilaadi! Bilaadi!* [¡Mi patria! ¡Mi patria!] de Darwish. La letra del estribillo estaba sacada de un discurso de Mustafa Kamil Pasha, freviente nacionalista egipcio defensor de la independencia.

> Mi patria, mi patria, mi patria,
> Mi amor y mi corazón te pertenecen.

Los revolucionarios de 1919 lucharon con gran valor contra las autoridades. En una especie de inversión de lo que ocurrió en 2011, cuando el régimen clausuró los accesos a internet vía telefónica en su intento de recuperar el control de las calles, los rebeldes cortaron las líneas de teléfono de El Cairo para impedir que el régimen colonial llamara a Londres pidiendo ayuda. A pesar de su arrojo y su astucia, la revuelta acabó en derrota. En 1922 Gran Bretaña firmó un acuerdo en el que reconocía formalmente la independencia de Egipto, pero fue más un cambio cosmético que una verdadera transición a la autodeterminación y la democracia. Los líderes de la rebelión fueron obligados a exiliarse. En 1923, con solo 31 años, Darwish murió. Algunos dicen que lo envenenaron, mientras que otros creen que sufrió un ataque al corazón tras un atracón de cocaína. En cualquier caso, las élites, aliadas de los británicos se alegraron de que desapareciera e hicieron todo lo posible por enterrar su legado. Se borró y se excluyó a Darwish de todos los relatos oficiales de la música y la cultura egipcias. En 1936, cuando El Cairo acogió una conferencia internacional de música árabe, Darwish no recibió ni una triste mención. Pero las cosas cambiaron tras el derrocamiento de la monarquía en 1952 y la elección del líder nacionalista Gamal Abdel Nasser en 1956. Una de las primeras decisiones de Nasser como presidente fue nacionalizar el Canal de Suez, mandando a paseo las amenazas de Gran Bretaña, Francia e Israel. Fue un gesto ilusionante para el mundo árabe. En las calles de Egipto se escuchó de nuevo *Bilaadi! Bilaadi!*, esta vez como himno oficioso del orgullo y la unidad panarabista.

Nasser murió de un ataque al corazón en 1970 y le sucedió Anwar Sadat. Había sido su hombre de confianza, pero Sadat hizo que Egipto tomara un rumbo muy distinto al que Nasser había luchado por mantener. A mediados de los años 70 impuso novedosas e impopulares medidas económicas de corte neoliberal, que condujeron a un aumento del desempleo y a momentos de escasez de pan. Estallaron por todo el país manifestaciones y huelgas. Entonces Sadat firmó un polémico acuerdo de paz con Israel, que la mayor parte del mundo árabe percibió como si estuviera vendiendo a los pobres palestinos. En un momento así de delicado para el panarabismo, Sadat adoptó *Bilaadi!*

Bilaadi! como himno nacional de Egipto. Mucha gente lo vió como una traición cínica al mensaje radical de la canción. Por tanto, cuando, en enero de 2011, en el país se celebraba la caída de un dictador respaldado por Occidente con interpretaciones de *Bilaadi! Bilaadi!* rebosantes de orgullo y alegría, no solo se proclamaban grandes esperanzas para el futuro de la nación, sino que la gente también se reapropiaba de su canción más icónica.

Mientras que los vecinos egipcios cantaban victoria, un número cada vez mayor de personas tomaba las calles de Libia y se rebelaba así contra el Coronel Gadafi, máximo mandatario del país. También tenían su himno. Sawfa Nabqa Huna [nos quedamos] la compuso en 2005 el que fuera prisionero político, Adel Al Mshiti, y fue ampliamente compartida por redes a comienzos de 2011. Hacia marzo, esta balada triste se escuchaba en las manifestaciones masivas de las principales ciudades del país. El régimen respondió a las manifestaciones con represión violenta, lo que dio lugar a una guerra civil. A diferencia de lo ocurrido en Túnez y Egipto, las potencias occidentales se implicaron rápidamente por medio de bombardeos de la OTAN que hicieron estragos en buena parte del país. Cayó el régimen y a Gadafi lo mataron en agosto las fuerzas rebeldes, pero esa no era la revolución con la que mucha gente había soñado. Libia estaba hecha pedazos. Los libios de a pie, decididos a reconstruir sus maltrechas vidas, seguían cantando la misma canción:

Nos quedamos aquí,
hasta que se pase el dolor,
viviremos aquí,
hasta que la vida sea buena.

Según Rana Jawad, corresponsal de la BBC para el norte de África, *Sawfa Nabqa Huna* estaba por todas partes en Libia: «Salía por las ventanillas de cada coche que pasaba, se oía en cada casa que visitaras y en cada tienda a la que entraras». También circuló por toda la región. Las versiones que se grabaron en Líbano y Egipto cautivaron los corazones de un público que se identificaba con los temas del dolor, el orgullo y la determinación. Unos cuantos años más tarde también se pudo escuchar en la lejana Dresde, en Alemania, cantada por un coro compuesto por autóctonos y refugiados recién llegados a la ciudad. Como explicaba Samira, del propio coro:

Cambiamos un poco el sentido de la canción Sawfa Nabqa Huna. Antes significaba que nos quedábamos allá, en nuestro país de origen. Y ahora lo hemos cambiado un poco a: nos vamos a quedar aquí en Dresde, nuestra ciudad, aunque haya movimientos racistas que quieran echarnos. Lo que queremos decir, como coro, es que nos vamos a quedar aquí y que queremos contribuir a desarrollar nuestra ciudad y a hacer de ella un lugar mejor.[17]

17 Cita de «The Arab Revolution Song That Went Viral»,un reportaje de

La caída de Mubarak en Egipto inspiró también una revuelta popular en Siria contra la dinastía en el poder de Bashar al-Assad. Una de las primeras reacciones del régimen fue tratar de calmar la situación y ganar apoyos reproduciendo canciones patrióticas en sitios públicos. Durante muchos años, la industria siria de la música había estado estrechamente ligada a la casta política. Las canciones y los cánticos de la rebelión solían venir de gente que estaba fuera de esos círculos. Uno de los temas más representativos lo escribió Ibrahim al-Qashoush, que era de Hama, bombero y poeta a tiempo parcial. Aún se puede encontrar online una estremecedora interpretación de la canción, grabada con un móvil en la plaza mayor de Hama el 27 de junio de 2011. Una multitud enorme y vibrante llena la plaza y corea todos y cada uno de los versos que suelta el bombero a pleno pulmón. La canción está basada en formas tradicionales de la música popular del Oriente Próximo tipo llamada y respuesta, en las que encajan a la perfección las consignas políticas. El cántico, con un ritmo muy potente, gira con rapidez en torno a un semitono justo antes de una breve melodía descendente, y se crea así un estribillo de lo más pegadizo

BBC Trending del 22 de agosto de 2016.

que anima a la gente a unirse y corear la coletilla «¡Lárgate Bashar!».

> *Tu legitimidad se ha agotado. ¡Lárgate Bashar!*
> *Bashar, eres un mentiroso. A la mierda tú y tus discursos.*
> *La libertad está a las puertas. Es hora de irse, Bashar.*
> *¡Lárgate Bashar!*
> *Maher, eres un cobarde. Un agente de EE. UU.*
> *Nadie humilla a los sirios. ¡Lárgate Bashar!*
> *Bashar, eres un cabrón. Tú y todos los que te apoyan.*
> *¡Lárgate Bashar!*

Los versos se repiten y la emoción y la intensidad van creciendo. Al final, Qashoush sube un tono, con lo que se crea un momento musical poderoso y estimulante justo cuando se afirma «te derrocaremos con nuestras propias fuerzas, Bashar. Siria quiere libertad». Es sin duda una de las piezas de música revolucionaria más destacables de las surgidas de la breve Primavera Árabe. Pocos días después, el régimen respondía al envite. El 4 de julio de 2011 el cuerpo de Qashoush apareció muerto a orillas del río Orontes. Le habían seccionado la garganta y extirpado las cuerdas vocales.

La historia de la música de las revoluciones árabes es importante. Los músicos rara vez están en la línea del frente de las batallas que cambian el mundo.

Aunque a veces sus canciones se vuelvan, más tarde, emblemáticas para ciertas luchas, suelen basarse en testimonios, en lo que alguien les ha contado. Hasta los músicos más comprometidos políticamente acostumbran a tomarse un tiempo para traducir sus experiencias en buena música. Según explicó una vez Leon Trotsky:

> Lo fundamental del asunto es que la creatividad artística, por su propia naturaleza, se queda atrás de otras formas de expresión del espíritu humano, y aún más en el caso del espíritu de una clase. Una cosa es entender algo y expresarlo de manera lógica, y otra muy distinta asimilarlo orgánicamente, reconstruir todo un sistema de sentimientos y encontrar un tipo nuevo de expresión artística que se adecúe a esa nueva entidad. El segundo proceso es más orgánico, más lento, más difícil de someter a un trabajo consciente, y consecuentemente siempre se rezaga. La escritura política de una clase toma la delantera porque corre sobre zancos mientras que su creatividad artística se queda atrás porque avanza con muletas, cojeando.[18]

La observación de Trotsky es del todo correcta, según se ha comprobado muchas veces. La música no puede mantener siempre el ritmo de los acontecimientos. El famoso arrepentimiento de Beethoven de haberle dedicado su tercera sinfonía a Napoleón Bonaparte es un

18 Trotsky, Leon, «Clase y arte», en Solomon, op. cit., pág. 196.

buen ejemplo. Para cuando Beethoven acabó la sinfonía, Napoleón había traicionado a la revolución y se había proclamado emperador. Sin duda, no sería la última vez que un compositor decepcionado tachara furioso la dedicatoria de un manuscrito. Pero lo que nos enseñaron las revoluciones árabes es que a veces, en lugar de cojear por detrás de los acontecimientos, los músicos ocupan una posición central en los momentos críticos de una lucha. Suele tratarse de músicos desconocidos, amateur, y sus canciones llegan directamente a la gente a través de megáfonos, altavoces o la red, sin la mediación de los guardianes tradicionales de la industria de la música o los medios de comunicación. Hacen mucho más que proporcionar una banda sonora para «el festival de los oprimidos», como llamó una vez Lenin a las revoluciones. Sus canciones también pueden capturar y definir el espíritu de un movimiento creciente, dando valor a gente que lleva mucho tiempo oprimida y uniéndola en torno a un puñado de demandas. En la corta vida de la Primavera Árabe, los músicos fueron de los primeros en ir a las barricadas, o en tomar las plazas, y de los últimos en irse. Muchos pagaron muy caro su osadía.

3. Los fantasmas de Spotify y la inteligencia artificial

Aguardo la inspiración para este nuevo capítulo. Se está haciendo de rogar. Quizás algo de música ayude. Busco «música para escribir» en Spotify. La primera sugerencia en la lista de reproducción es *Bygone Times*, de Temperance Lloyd. ¿Has oído hablar alguna vez de Temperance Lloyd? Yo tampoco. Y, sin embargo, esta «artista verificada» de Spotify tiene 320 411 oyentes mensuales y uno de sus seis temas supera las 16 millones de reproducciones. Otro de esos seis temas, en cambio, parece no tener ninguna. Raro, ¿verdad? Busco a la artista en Google, pero la única Temperance Lloyd que aparece fue acusada por brujería y ejecutada en 1682. Escalofriante.

El sitio web Music Business Worldwide [El negocio de la música a nivel mundial] fue uno de los primeros en investigar estas rarezas en 2017. Publicó los nombres de 50 artistas aparentemente falsos, todos ellos con millones de reproducciones en Spotify:

> Estos artistas inexistentes están siendo seleccionados deliberadamente, una y otra vez, para aparecer en listas de reproducción oficiales de Spotify con millones de seguidores, lo que perjudica a la música firmada por sellos discográficos.
>
> Uno no puede evitar preguntarse por qué.
>
> ¿Será que, como le dijeron a Music Business Worldwide, su música conlleva un precio de regalías más bajo que el de las canciones provenientes de sellos independientes o grandes compañías discográficas?
>
> [...] El año pasado, supimos de un productor europeo que cerró un acuerdo con Spotify para crear canciones bajo nombres de artistas «falsos».
>
> Spotify incluyó estas canciones en listas de reproducción clave, organizadas por géneros musicales.
>
> Para confirmar esta información, nos proporcionaron los nombres de sus pseudónimos en Spotify. Todos existían, y todos contaban con temas que superaban las 500 000 reproducciones.
>
> Otras fuentes de alto nivel en la industria no se mostraron sorprendidas: nos dijeron que la aparición de «artistas falsos» en listas de reproducción oficiales de Spotify se había convertido ya en una práctica habitual, como

parte de la estrategia de la plataforma para reducir sus costes de licencias.[19]

Cabe señalar que desde mediados de la década de 2010, el *streaming* se ha convertido en la fuente principal de ingresos para muchas discográficas y que Spotify es, con diferencia, la plataforma de *streaming* más relevante. A pesar de las famosas bajas tasas de pago a los artistas, para las discográficas supuso una vía de regreso a la rentabilidad tras el duro golpe que les propinó la plataforma pirata Napster con el intercambio de archivos entre usuarios a principios del milenio. En realidad, los ingresos nunca se han recuperado por completo (ni se aproximan) y, para los operadores más pequeños, la industria musical sigue siendo precaria. La pérdida de ingresos por *streaming* debido a los «artistas falsos» creados por Spotify podría ser la última estocada para muchas discográficas de géneros específicos, ya de por sí presionadas, y para sus artistas. Spotify negó la acusación: «Nunca hemos creado, tampoco ahora, "artistas falsos" ni los hemos incluido en las listas de reproducción de Spotify. Es categóricamente falso, punto».[20] Esto, efectivamente,

---

19 Tim Ingham en *MusicBusiness Worldwide*, 9 de julio de 2017.

20 Spotify citado en Billboard, 7 de julio de 2017. https://www.billboard.com/music/music-news/spotify-fake-artist-allegations-response-7858015/

parecía rotundo, pero ¿estaba la declaración redactada con precisión? ¿Estaba Spotify simplemente externalizando la creación de «artistas falsos»? En los años posteriores, otras controversias de Spotify actuaron como distracciones ante lo que parecía estar ocurriendo: la incursión en los podcasts, un contrato de 250 millones de dólares con Joe Rogan y la introducción en 2020 del Discovery Mode [Modo descubrimiento], en el que los artistas aceptan una tasa de regalías más baja a cambio de una promoción algorítmica, por mencionar algunas. Pero luego, en 2022, el escritor musical Ted Gioia retomó el asunto. Las anomalías aparecieron cuando tecleó «jazz» en la barra de búsqueda de Spotify e hizo clic en la primera lista de reproducción sugerida, «Jazz in the Background»:

> ¿Qué artistas escuchas si haces clic en esto? ¿Tal vez Louis Armstrong o John Coltrane? ¿Quizás algo más introspectivo, como Bill Evans o Ahmad Jamal, o el Miles Davis de su etapa intermedia? ¿O tal vez algunas voces cautivadoras de Ella Fitzgerald o Billie Holiday?
> De hecho, solo reconocí dos nombres en las primeras 15 canciones.
> Aquí hay algunos de los temas seleccionados:
> *The Beauty of Everyday Things* – Hara Noda
> *Bewitched* – Jade Berry
> *The Wind* – Wildflower Trio
> *Solitude* – The Uptown Players

Everything To Me – CMC 3
Clear as Autumn Nights – Martin Landström
The Foolish Things – Tribute Trio
¿Quién toca exactamente en el Tribute Trio? No puedo responder a esa pregunta. ¿Quién es Hara Noda? No lo sabía hasta que hice una búsqueda en Google, pero no fue nada tranquilizador descubrir que el álbum solo tiene dos canciones y que la portada muestra una taza de café. Una de las canciones de Hara Noda tiene casi cuatro millones de reproducciones, lo que es más que la mayoría de las canciones del álbum *We Are* de Jon Batiste, que acaba de ganar el Grammy al Álbum del Año.
Es un dato sorprendente.
¿Realmente puedes alcanzar una audiencia mayor apareciendo en una lista de reproducción de jazz de fondo que llevándote el Grammy más codiciado?[21]

Parece que Hara Noda es un productor que trabaja en Suecia, que casualmente es donde Spotify tiene su sede. A continuación, el diario sueco Daggers Nyheter lanzó una investigación que comparaba datos de *streaming* con documentos facilitados por la sociedad sueca de gestión de derechos de autor, STIM. Descubrieron que alrededor de 20 compositores eran responsables de la obra de más de 500 «artistas» y que miles de sus canciones habían sido reproducidas millones de veces en Spotify. Ahora, la periodista estadounidense Liz Pelly ha escrito un

21 Ted Gioia, *The Honest Broker podcast*, 19 de diciembre de 2024.

libro sobre el escándalo: *Mood Machine: The Rise of Spotify and the Costs of the Perfect Playlist* (2025). Tras una exhaustiva investigación en Suecia, Pelly destapó el turbio programa «Perfect Fit Content» [Contenido perfectamente ajustado], en el que se instruye a los curadores de listas de reproducción de Spotify a priorizar música encargada por la propia plataforma: canciones cuya licencia es significativamente más barata para Spotify. Un exempleado le contó a Pelly: «Algunos de nosotros realmente no nos sentíamos bien con lo que estaba sucediendo. No nos gustaba que fueran estos dos tipos, que normalmente escriben canciones pop, los que estuvieran reemplazando a muchos artistas en todos los géneros. Simplemente no es justo. Pero era como intentar detener un tren que ya estaba en marcha».[22] Me pregunto cómo llevan a cabo esta tarea estos dos tipos y el resto de su grupo, y probablemente la respuesta sea la inteligencia artificial. Ciertamente, esa pista de Temperance Lloyd suena como el tipo de amalgama estadística de piano ambiental que los proveedores actuales de música generada por la IA producirían si se les dieran las indicaciones adecuadas. Hay muchas cosas buenas que decir sobre la IA, y me referiré a algunas de ellas más adelante,

---

22 Recogido en Liz Pelly, *Harpers Magazine*, enero de 2025.

pero la IA desplegada de esta manera es software de plagio; roba talento humano en el campo para suplantarlo. Con o sin IA, en su afán de rentabilidad, Spotify corre el riesgo de destruir partes del mismo ecosistema musical al que nosotros les pagamos para que nos den acceso. Si no están matando la gallina de los huevos de oro, al menos la están desplumando. ¿Por qué harían eso? Pues bien, en realidad, los directivos de Spotify actúan según una regla básica del capitalismo corporativo: mantener contentos a los accionistas (sea cual sea el coste a largo plazo). Como señala Pelly:

En realidad, Spotify estaba sometida a la enorme influencia del oligopolio de las discográficas más grandes: Sony, Universal y Warner, que juntas poseían un 17 % de las acciones de la compañía en el momento de su lanzamiento. Estas empresas, que controlaban alrededor del 70 % del mercado de la industria discográfica, tenían un considerable poder de negociación desde el principio. Para estas grandes discográficas, el auge de Spotify pronto daría sus frutos. A mediados de la década de 2010, y tras más de una década de ingresos decrecientes, el *streaming* ya se había consolidado como la fuente de ingresos más importante para las grandes, que estaban ganando grandes sumas de dinero gracias a los millones de suscriptores de pago de Spotify. Pero, aunque [Spotify] estaba pagando a las discográficas y editoras una gran cantidad de dinero —alrededor del

70 % de sus ingresos— aún no había logrado obtener beneficios, algo que los accionistas pronto exigirían.[23]

Los fantasmas de la máquina son solo una de las tácticas aparentemente exitosas del CEO Daniel Ek para generar ganancias. Sin duda, perjudicarán a las discográficas y a sus artistas, pero eso no preocupa a Ek, ya que su estrategia a largo plazo parece girar hacia contenidos no musicales. En su opinión, esta es la clave del crecimiento. Y si Spotify está lentamente dándole la espalda a la música (o, al menos, a sus creadores humanos), el cambio bien podría ser recíproco. En un reciente seminario web sobre la industria musical, la analista Tatiana Cirisano señaló que la interacción con los seguidores es para muchos artistas emergentes un elemento clave en los modelos creativos y empresariales.[24] Esto no es posible en los servicios actuales de *streaming* ni en las tiendas de descargas. Como resultado, predijo que cada vez más creadores invertirán su tiempo, energía y contenido en plataformas sociales, no solo para llegar a sus fans, sino también para lanzar su música y, en general, construir sus carreras. Es una

23 *Ibid.*

24 Cirisano, Tatiana, «MIDiA Research 2025», seminario web *Prediction*, 5 de diciembre de 2024.

medida que algunos de los artistas más grandes del mundo también están contemplando. En septiembre de 2024, Kendrick Lamar lanzó un nuevo tema directamente en los *reels*[25] de Instagram, antes de que estuviera disponible en las plataformas de *streaming*. Drake hizo un movimiento similar poco después, pero afirma que su propia discográfica, Universal Music Group, presentó un aviso de retirada por derechos de autor. A pesar de sus temores, existen ventajas para las grandes discográficas, al menos cuando se trata de nuevos talentos. El arduo trabajo que los artistas sin firma realizan en internet reduce, en última instancia, el riesgo financiero corporativo. A diferencia del mundo anterior a las redes sociales, ahora las grandes discográficas eligen a los artistas que contratan (al menos en parte) en función del número de seguidores que tienen en internet. Aunque las grandes discográficas tienen más recursos, ahora esperan que se haga el trabajo más pesado por los artistas. Las previsiones de la industria musical son optimistas. Mark Mulligan, el analista de pronósticos musicales a nivel mundial de MIDiA Research, reflexionó recientemente:

---

25 Vídeos de corta duración. [N. de T.]

2023 fue un año realmente bueno. Cuando el resto de la economía estaba en apuros, el mercado de la industria discográfica creció con fuerza, alcanzando ingresos de poco menos de 62 mil millones de dólares. Creo que podemos dejar de hablar de «pospandemia»; así es el crecimiento ahora. Y el mercado crecerá hasta los 100 mil millones de dólares para 2031, si tenemos en cuenta todas las nuevas fuentes de ingresos, como la ampliación de los derechos, la no digitalización de contenidos (DSP), etcétera…[26]

Si nos alejamos del mercado de la industria discográfica, nos encontramos con una vasta «economía de creadores»: un mundo digital donde innumerables creadores de contenido compiten por captar y monetizar nuestra atención. Aumentar la cantidad de seguidores en internet es ahora más importante para la comercialización de la música que los conciertos y la radio, aunque la transición de figura en redes sociales a estrella en el mundo real dista mucho de ser automática. Por supuesto, en la práctica es más probable que el éxito lo alcancen quienes puedan utilizar todos estos enfoques en su conjunto. Para los artistas independientes, eso representa una carga de trabajo abrumadora, además de la propia creación musical.

26 Mulligan, Mark, «MIDiA Research 2024-2031», seminario web *Global music forecasts*, 31 de julio de 2024.

Entonces, ¿qué significa todo esto para el futuro de la música y su potencial impacto político? Permítanme hacer algunas observaciones generales. Toda nueva innovación, incluidas las plataformas de redes sociales y la Inteligencia Artificial, se pondrá a prueba social y políticamente. Quienes tengan riqueza y poder intentarán utilizarlas para asegurar y ampliar esa riqueza y ese poder. El resto de nosotros debemos buscar oportunidades para usar esas mismas herramientas y pedirles cuentas. También seremos creativos, nos divertiremos, usaremos la nueva tecnología para realizar viejas tareas y tal vez veremos si puede acercarnos un poco más unos a otros. La IA es un término genérico que engloba un campo de la informática que permite a los ordenadores y a las máquinas simular capacidades humanas. Incluye un aprendizaje automático, un aprendizaje profundo, redes neuronales, el reconocimiento de voz, la robótica, etcétera. Yo, y miles como yo, ya estamos usando tecnología de IA en la producción musical. Los ingeniosos «complementos» del software comparan mis mezclas con otras anteriores de éxito comercial y me alertan de cualquier discrepancia potencialmente problemática en frecuencias y niveles. ¿Se están perdiendo puestos de trabajo en la industria creativa a causa de la IA? Desde luego. En mi opinión, los expertos técnicos, como los ingenieros de masterización y los compositores de música incidental para televisión, cine y videojuegos, son los más amenazados de forma inminente. Pero todos los músicos y técnicos de estudio hacen la vista gorda. Algunos, como mi amiga bajista Yolanda Charles tienen una perspectiva optimista. En una entrada de su blog, señaló que hemos pasado toda nuestra carrera tratando de actuar como la IA, aprendiendo cada estilo y sonido del catálogo anterior para estar listos y recuperarlos en el estudio cuando un productor lo solicite. Si la IA puede asumir ese papel, razona, nos vemos obligados/libres para ser más creativos, a llevar la música en direcciones inesperadas, a ser nosotros mismos. Concluye que la música resultará ganadora. Otro colega, el baterista Mark Whitlam, está realizando actualmente una investigación en la Universidad de Bristol la posibilidad de que la IA improvise en tiempo real con músicos en directo. No me cabe duda de que se están llevando a cabo experimentos similares en las industrias creativas y en todo el mundo. Por el momento, Whitlam me dice que las posibilidades son bastante limitadas y torpes, pero no lo serán por mucho tiempo.

Como siempre, los músicos están dispuestos a explorar, adoptar y colaborar con las nuevas tecnologías. El problema potencial que prevén es el plagio. Aunque músicos humanos han creado el material con el que la IA se entrena, corren el riesgo de no recibir regalías, derechos, ni una remuneración justa. En enero de 2025, *The Standard* informó:

> El 17 de diciembre, en vísperas de Navidad, cuando la mayoría de la gente estaba ocupada celebrando, Keir Starmer les mostró el dedo gordo a todos los artistas, músicos, escritores e intérpretes que intentaban ganarse la vida con su oficio. Ese día, el gobierno lanzó una consulta en la que esbozaba su procedimiento preferido con respecto a la minería de textos y datos, permitiendo a las empresas [de IA] entrenarse con el material protegido por derechos de autor a menos que los derechos estuvieran expresamente reservados (en un formato legible por la máquina), a pesar de que no existe un método viable para hacerlo.[27]

El gobierno bien podría argumentar que es imposible realizar un seguimiento de los acuerdos de derechos individuales y de las infracciones de la IA, debido a la enorme cantidad de material que ya es de dominio público. Probablemente tenga razón. Pero

---

27 Jones, Dylan, «AI is stealing from Britain's creative industries – and Labour seems to believe that crime should be legal», *The Standard*, 3 de enero de 2025.

me pregunto si los recientes desarrollos en el sector de la música en directo en el Reino Unido podrían ofrecer una posible solución. En 2023, la organización Music Venue Trust (MVT), con sede en el Reino Unido, lanzó el siguiente compromiso:

> Music Venue Trust lleva cinco años haciendo campaña para que las altas esferas de la industria musical reinviertan en las bases. Nuestra propuesta es sencilla: cada entrada vendida en estadios y recintos incluye una contribución económica que se destina a las bases.

En mayo de 2024, un informe del Comité Selecto de Cultura, Medios de Comunicación y Deporte hizo recomendaciones para respaldar esa promesa, lo que obligó a MVT a pronunciarse:

> La respuesta del gobierno es inequívoca. Ahora, la política oficial del Gobierno del Reino Unido es que cada entrada vendida en un estadio o recinto incluya una contribución económica que apoye a las salas de música de base, a los artistas y a los promotores. Esto representa el cambio más significativo en más de cincuenta años de música británica en la mecánica básica de cómo la industria en directo apoya económicamente a los talentos nuevos y emergentes, a los espacios que los acogen y a quienes se arriesgan a presentarlos.[28]

---

28 Music Venue Trust, 19 de noviembre de 2024. https://www.musicve-nuetrust.com/

Hasta ahora, la contribución sigue siendo voluntaria, pero el gobierno ha planteado la amenaza de obligatoriedad. Una opción sería gravar un impuesto similar a todas las empresas de IA dedicadas a la música, y distribuir los ingresos recaudados entre los artistas a través de agencias de recaudación como PRS. Por supuesto, la aplicación de una tasa de este tipo requiere legislación y aplicación en todo el mundo. Me temo que en cualquier batalla entre creadores y empresas, muchos de los gobiernos actuales cederían a las demandas de las corporaciones. Además de defenderse de los creadores, es probable que las empresas se peleen entre sí. De hecho, los principales titulares de derechos musicales ya están librando las primeras batallas con proveedores de servicios digitales, como las plataformas de *streaming*, por el uso y la propiedad de los contenidos generado por IA. Sospecho que los abogados de las empresas que no sean reemplazados por la IA se enriquecerán luchando.

Entonces, ¿en qué situación nos dejará esto? ¿Es sombrío el futuro para la música y sus amantes? ¿Se forrarán los abogados mientras las máquinas toman el control? ¿Se están quedando obsoletos los creadores humanos? ¿Acaso nuestro mundo se tambalea hacia la distopía que George Orwell previó en su novela clásica *1984*, publicada en 1949?

> La melodía llevaba semanas rondando Londres. Era una de las innumerables canciones similares publicadas a favor de los proles por una subsección del Departamento de Música. Las letras de estas canciones fueron compuestas sin intervención humana alguna en un instrumento conocido como versificador. Pero la mujer cantaba con tanta afinación que convertía la espantosa basura en un sonido casi agradable.[29]

No del todo. La creatividad humana sigue siendo necesaria, aunque quizá no se valore como corresponde. Sobre todo por la importancia de las perspectivas originales para la nueva música y el atractivo perdurable de la música en directo…

La predicción de Orwell sobre la música creada por las máquinas es, sin duda, impresionante y escalofriante. Pero lo más perspicaz del fragmento es el énfasis que pone en la figura de la mujer cantante. Para el protagonista de la novela, Winston Smith, algo en ella representa cierta verdad subversiva, esperanza o sabiduría.

---

29   Orwell, George, *1984*, pág. 168, primera edición en 1949.

Parecía saberse de memoria toda la canción de pacotilla. Su voz se elevaba con el aire dulce del verano, muy afinada, cargada de una especie de melancolía alegre. Uno tenía la sensación de que, si la tarde de junio hubiera sido interminable y la provisión de ropa inagotable, ella se habría conformado perfectamente con permanecer allí durante mil años más, tendiendo pañales y cantando tonterías. Le pareció curioso el no haber escuchado nunca a un miembro del Partido cantar solo y de forma espontánea.[30]

Los sentimientos de Winston Smith en la distopía ficticia de Orwell resuenan con la realidad. La historia nos enseña que las expresiones más resonantes de cada época histórica no provienen del canon establecido, sino de los marginados y los oprimidos. En su obra magistral *Music: A Subversive History,* Ted Gioia describe cómo siempre son los marginados, de un tipo u otro, quienes aportan innovación a la música. Una y otra vez, la música del márgen es ignorada, demonizada y, en ocasiones, prohibida por los círculos musicales establecidos, antes de ser finalmente aceptada, cooptada, celebrada y monetizada.

El esclavo, el refugiado, el desposeído y el desplazado tienen pocas razones para defender los valores comunitarios tradicionales, y su música siempre busca verdades no expresadas en otros contextos, aunque a menudo

---

30 *Ibid,* pág. 172.

requiera ser enunciada en términos codificados. Esta es la estética de la diáspora, el poder de la innovación que solo posee el *outsider*, un principio que no es diferente en los Estados Unidos del siglo XIX, o cuando los antiguos griegos denominaron sus modos más peligrosos con los nombres de los esclavos lidios y frigios.[31]

¿Cómo es que los *outsiders* traen consigo tanta riqueza? En parte, sin duda, porque nos ofrecen algo nuevo: sonidos y estilos desconocidos. Pero sospecho que una razón más fundamental es que los que vienen de fuera pueden ver con mayor claridad la realidad de una sociedad particular. Cuestionan cosas que los autóctonos acomodados están demasiado ensimismados como para evaluar con honestidad, y nos recuerdan aquello que hemos olvidado colectivamente. Para Winston Smith, el canto de la mujer deshace momentáneamente su mundo claustrofóbico de subterfugios y miedo, permitiendo que entre la luz de la satisfacción sin pretensiones y un simple placer. Me recuerda a la hora de sol de Mahmoud Darwish en prisión, de su poema «En esta tierra»:

> [...] En esta tierra tenemos aquello que hace que la vida valga la pena al final de septiembre
> Una mujer dejando atrás los cuarenta

---

31 Gioia, T. *Music: A Subversive History*, Nueva York, Basic books, 2015, pág. 321.

con todos sus albaricoques
La hora de sol en la prisión
Una nube reflejando un enjambre de criaturas
Los aplausos de un pueblo a aquellos que enfrentan su
propia desaparición

con una sonrisa
Y el miedo del tirano a las canciones.
En esta tierra tenemos todo lo que hace que la vida
valga la pena
En esta tierra […]

Gioia también señala que los nuevos sonidos echan raíces donde se mezclan los *outsiders* y otros grupos. Las ciudades portuarias, por ejemplo, a menudo han sido el escenario de más innovación musical que las capitales y los centros de poder. Pensemos en Lesbos y Liverpool, Venecia y Nueva Orleans... Cada lugar definió el sonido de su época, a pesar de, o quizás en parte por el hecho de, que al principio estaban fuera del radar de las figuras establecidas y los magnates de la industria musical. Las escenas podían establecer sus credenciales comerciales sin ser descartadas prematuramente por los urbanitas de las grandes ciudades. YouTube y TikTok son ahora las «ciudades portuarias» más importantes. Son los lugares donde los creadores novatos pueden tener suerte, aprovechar un algoritmo y llegar a legiones de nuevos seguidores sin la intervención de la industria musical.

Gran parte del contenido será, sin duda, generado o asistido por la inteligencia artificial.

Pensemos por un momento en las grandes discográficas y sus estrellas como el antiguo establecimiento y las nuevas sensaciones de las redes sociales como los *outsiders*. ¿Qué nos revelan estos nuevos *outsiders* sobre nuestras sociedades? ¿Qué «verdades no dichas» nos cuentan? Para responder a esto necesitamos mirar menos al contenido y más a la forma. En el capítulo 7[32] describí cómo el antiguo modelo consiste en convertir a los artistas en estrellas (la palabra «estrella» es la apropiada); necesitan brillar con la mayor intensidad posible en la distancia. Esa distancia entre el fan y la estrella se crea con todas las herramientas y trucos del marketing musical convencional: productores de renombre, vídeos caros, iluminación sofisticada, vestuarios elaborados, fotos retocadas y demás. La estrella está muy fuera de tu alcance, pero por una pequeña cuota puedes tenerla cantando en repetición en tus auriculares. Las sensaciones de las redes sociales siguen un formato muy diferente. Nos hablan en directo y sin guion, a menudo desde sus casas, algunas veces en pijama,

---

32 Las referencias a capítulos que aparecen en el presente texto pertenecen al libro *Sound System*.

y nosotros podemos responderles. No son estrellas lejanas, sino amigos sustitutos. Figuras con las que muchos de nosotros formamos fuertes lazos parasociales (unilaterales). ¿Y por qué son tan populares los amigos sustitutos y los vínculos parasociales en el siglo XXI? Apostaría a que es porque nunca nos hemos sentido más solos. Según la Organización Mundial de la Salud, el aislamiento social y la soledad están siendo cada vez más reconocidos como un problema prioritario de salud pública y política en todos los grupos etarios.[33] El ex Cirujano general de los Estados Unidos,[34] Dr. Vivek H. Murthy, cree que la soledad ha alcanzado proporciones epidémicas. También señala que los jóvenes ahora luchan con niveles de soledad mayores que los de las personas mayores.[35] Quizás esto no sea sorprendente, dado que los recortes en el gasto público, la privatización y el individualismo de la era neoliberal, descritos en el capítulo 6, han impactado nuestras

---

33 «Social isolation and loneliness», World Organization of Health, https://www.who.int/teams/social-determinants-of-health/ demographic-change-and-healthy-ageing/social-isolation- and-loneliness.

34 Jefe operativo del Cuerpo Comisionado del Servicio de Salud Pública de los Estados Unidos (PHSCC) y el principal portavoz en asuntos de salud pública en el gobierno federal de los Estados Unidos. [N. de T.]

35 Dr Murthy, Vivek, «Speaking on Feel Better», podcast Live More, episodio 462, 19 June 2024.

vidas durante dos generaciones. La provisión de clubes juveniles, bibliotecas, centros comunitarios, campos deportivos y actividades relacionadas con la música ha ido desapareciendo. Salir es caro, por lo que la gente se queda en casa, sola, o al menos, en soledad. Las redes sociales parecen ofrecer consuelo. Nos atraen con la promesa de conexión, o al menos de distracción, pero al hacerlo, a menudo empeoran las cosas. En lugar de llamar a nuestros amigos para conversar, les enviamos un meme tonto y recibimos un emoticono a cambio. En lugar de discutir nuestras preocupaciones con la comunidad, peleamos en línea con extraños y *bots*. Ignoramos a la persona que yace a nuestro lado en la cama para dedicarnos a navegar por vidas ajenas. O simplemente contactamos con nuestros amigos sustitutos en línea para ver qué pasa en sus mundos. Se convierte en un círculo vicioso: cuanto más nos aíslan las redes sociales de quienes nos rodean, más las necesitamos para que nos proporcionen sustitutos. No cabe duda de que la inteligencia artificial se está preparando para competir con los amigos sustitutos humanos en línea. Las máquinas tienen la ventaja de que nunca están desconectadas.

El problema no radica en los creadores de contenido ni en la tecnología que utilizan, sino en las prioridades que dictan el diseño de las plataformas. Actualmente, las redes sociales están optimizadas para maximizar las ganancias corporativas y no para la utilidad y el bienestar humano. Explotan nuestra necesidad psicológica básica de conexión y aceptación social para robarnos la atención y mantenernos enganchados, al igual que los adictos a las máquinas tragaperras en un casino. Cuanto más tiempo nos quitan, más ricas se vuelven las empresas tecnológicas. Debemos exigir que se reevalúen esas prioridades. Volviendo al fragmento de Orwell, necesitamos ser la mujer que canta: disfrutando de lo nuevo, pero sumando nuestras voces, afirmando nuestra humanidad, encontrando nuestra fuerza, animando a los demás. En el capítulo 5 he argumentado que parte del atractivo de los conciertos en directo radica en que proporcionan ocasiones para precisamente eso: alzar nuestras voces, liberarnos de inhibiciones y celebrarnos unos a otros. Por sí solos no acaban con la alienación, pero nos brindan un destello alegre de nuestra fuerza colectiva y humanidad compartida. Y, como era de esperar, a pesar de las recientes innovaciones tecnológicas, seguir reuniéndonos en la vida real para disfrutar de la música sigue siendo tan popular como siempre. Esto no quiere decir que los conciertos sean accesibles y asequibles para todos. Lamentablemente, muchos de ellos no lo son. Pero es revelador que, incluso cuando la situación económica es difícil, tantas personas prioricen asistir a eventos musicales en directo. De hecho, Taylor Swift demostró recientemente que la demanda nunca ha sido mayor. Su gira «Eras» de 2023/2024 se convirtió en la primera en generar más de 2 mil millones de dólares en ingresos. Desde la perspectiva del fan, la estrella brilla intensamente en un mar resplandeciente de teléfonos móviles que transmiten en directo. Puede que esté distante, pero el espectáculo aún ofrece una sensación de pertenencia y conexión, mediada a través del artista en el escenario, pero fundamentalmente centrada en los mismos fans. Quizás eso no sea tan diferente a los servicios religiosos a lo largo de la historia. Nos reunimos alrededor del tótem o en rezos a nuestra deidad con el verdadero propósito de ponernos en contacto con nuestra tribu.

Los conciertos en directo también siguen siendo fundamentales para la música nueva. Una de las escenas más interesantes que ha surgido en los últimos años en Londres proviene de las jóvenes comunidades de jazz (y géneros cercanos al jazz), predominantemente negras, del sureste de la ciudad. Es cierto que muchas de las figuras clave —el saxofonista Shabaka Hutchins (Sons of Kemet y The Comet Is Coming), la saxofonista Nubya Garcia, el baterista Femi Koleoso (Ezra Collective), el saxofonista Wayne Francis (United Vibrations y Steam Down) y el baterista Moses Boyd, por nombrar solo algunos— son expertos en redes sociales y en el *branding*. Sin embargo, un factor central de su éxito también han sido los encuentros regulares de música en directo como Steam Down, celebrados en las calles de Deptford en el Buster Mantis (ahora trasladado a Peckham Levels); Church of Sound, en la iglesia St. James the Great en Clapton, y varias noches ahora legendarias en el Total Refreshment Centre de Stoke Newington. Estos eventos no eran como los conciertos musicalmente ambiciosos pero poco concurridos de Scratch Orchestra mencionados en el capítulo 2. El público joven hacía largas colas alrededor de la manzana para abarrotar estos *shows* con entradas agotadas. Claramente había una gran demanda de música nueva en directo. Como dijo brillantemente mi amigo André Marmot: «En un mundo controlado por grandes corporaciones que se hacen más grandes a medida que 11 mil millones de horas de interacción humana se fuerzan a pasar por el molinillo de las redes sociales cada día y se convierten en ganancias, la música creativa auténtica, interpretada por personas reales en un entorno en vivo y publicada por sellos discográficos independientes, puede parecer una ensalada fresca después de una semana de salchichas baratas».[36]

También cabe destacar que la mayoría de los protagonistas clave crecieron a través de iniciativas educativas musicales comunitarias como Tomorrow Warriors, Kinetika Blocko y Midi Music Company. La escena ha producido una buena cantidad de música abiertamente política, en particular haciendo referencia al movimiento Black Lives Matter y a la campaña por la Justicia para Grenfell (el bloque de apartamentos en la zona oeste de Londres donde 72 personas murieron en un incendio en junio de 2017, que muchos consideran como consecuencia de la negligencia corporativa y la búsqueda de beneficios. Las investigaciones policiales siguen en curso en el momento que escribo estas líneas). El saxofonista Shabaka Hutchins también se presentó para la Coalición Stop the War el 6 de agosto de 2020

---

36 Marmot, A., *Unapologetic Expression*, Nueva York, Faber & Faber, 2024, pág. 241.

(por medio de internet, debido al confinamiento por la pandemia de COVID-19). La actuación coincidió con el 75° aniversario del bombardeo de Hiroshima y conmemoró a sus víctimas.[37]

Las redes sociales ya han transformado nuestro mundo y la inteligencia artificial lo hará también, de maneras que aún no podemos imaginar. Pero la importancia de la conexión humana y las perspectivas externas sigue siendo crucial. Mi intuición es que esto limitará el grado en que la inteligencia artificial reemplazará a los seres humanos. La eliminación de los humanos de la música equivale a la eliminación de su propósito para los humanos. También elimina la posibilidad de una verdadera innovación. La próxima revolución en la música probablemente haga uso de la IA y otras nuevas tecnologías, pero se utilizarán para permitir y potenciar la expresión de personas con la percepción aguda y la claridad honesta de los *outsiders*: artistas que perfeccionan su arte lejos de la interferencia de los intereses corporativos. Aquellos que busquen esa revolución seguramente ya la estén buscando en internet. Sería

37 «Shabaka Hutchings & Stop the War Present A Composition in Memory of the Victims of Hiroshima», StoptheWarCoalition [YouTube], https://www.youtube.com/watch?v=1MA_03HBDoY.

aconsejable que también asistieran a conciertos, especialmente en las partes menos favorecidas de la ciudad y, quizás, en las ciudades y pueblos menos de moda alrededor del mundo. A pesar de la tecnología de vanguardia, el deseo de compartir un espacio físico con los demás; de crear una escena y conectar, sigue siendo fundamental y poderoso.